青春美文精品集萃丛书·拿手好戏系列

欢乐是童年的拿手好戏

《语文报》编写组 选编

时代文艺出版社

图书在版编目（CIP）数据

欢乐是童年的拿手好戏 /《语文报》编写组选编.
-- 长春：时代文艺出版社, 2021.6
（青春美文精品集萃丛书. 拿手好戏系列）
ISBN 978-7-5387-6792-6

Ⅰ.①欢… Ⅱ.①语… Ⅲ.①作文－中小学－选集 Ⅳ.①H194.5

中国版本图书馆CIP数据核字(2021)第103461号

欢乐是童年的拿手好戏
HUANLE SHI TONGNIAN DE NASHOUHAOXI

《语文报》编写组　选编

出品人：	陈　琛
责任编辑：	曾艳纯
装帧设计：	孙　利
排版制作：	隋淑凤

出版发行	时代文艺出版社
地　　址：	长春市福祉大路5788号　龙腾国际大厦A座15层　（130118）
电　　话：	0431-81629751（总编办）　　0431-81629755（发行部）
网　　址：	weibo.com/tlapress（官方微博）　　sdwycbsgf.tmall.com（天猫旗舰店）
开　　本：	880mm×1230mm　1/32
字　　数：	135千字
印　　张：	7
印　　刷：	三河市嵩川印刷有限公司
版　　次：	2021年6月第1版
印　　次：	2021年6月第1次印刷
定　　价：	36.00元

图书如有印装错误　请寄回印厂调换

编委会

主　　编：刘应伦

编　　委：刘应伦　赵　静　李音霞
　　　　　郭　斐　刘瑞霞　王素红
　　　　　金星闪　周　起　华晓隽
　　　　　何发祥　朱晓东　陈　颖
　　　　　段岩霞　刘学强

本 册 主 编：熊金辉
本册副主编：王宏广　蔡　琪

Contents 目 录

我的至宝 / 陈高涛	002
"包"你满意 / 高卓然	004
炸年糕 / 陈奕铭	006
偷吃月饼 / 钱子豪	008
舞蹈队进京记 / 刘静一	010
听,校园的声音 / 万天乐	013
听,雨在诉说 / 陈思齐	015
你好,秋天 / 万绪岩	017
听雨 / 肖越嘉	019
榜样 / 岑可馨	021
多找回二十元后…… / 李 佳	023
诚信是一盏灯 / 王庆恒	025
友善是一味良药 / 李诗璨	027
我是顶级小厨师 / 狄雨涵	029
硬币,跳!跳!跳! / 周子瑞	031
上台的感觉,真好 / 吕光泽	034
那次语文测试 / 宗晨宇	036

山道弯弯月儿圆

爱在秋天 / 侯楚君 040

山道弯弯月儿圆 / 丁 文 042

忘不了那画面 / 岑 朗 044

妈妈，谢谢您 / 韩吕婷 047

小狐狸开店 / 汪 玲 049

多多的烦恼 / 李 想 052

零食的"诡计" / 李 璨 054

小刺猬美容 / 王 欣 056

奇妙的火星夏令营活动 / 方 蕊 058

颠倒的世界 / 汪雅伦 061

纸飞机 / 魏雅怡 063

遥控器争夺战 / 贺语涵 065

爸爸，感谢您！ / 罗悦苗 067

您的冷漠，也是一种爱 / 罗慧扬 069

爱在哪里 / 谷 媛 071

那位叔叔 / 潘 姝 073

表舅 / 王祥露 075

美丽的音符

祖孙三代道家训 / 聂盎格 078

家风伴我成长 / 童子逸 080
盐官观潮行 / 孙语凡 083
美丽的音符 / 张歆贻 086
我到青岛去看海 / 陆润泽 088
学打羽毛球 / 汪菲莉 090
难忘的"闯祸" / 宋辰琛 092
国庆长假欢乐多 / 李承毅 094
学钓鱼 / 徐培霖 099
不一样的满分 / 罗慧扬 101
我吃了过期食品 / 王梦圆 103
那次升旗仪式 / 王　欣 105

含笑的雪

成为像雷锋那样的人 / 张雁翎 108
雷锋叔叔，我永远的榜样！ / 宗凌轩 111
雷锋精神处处闪光 / 姚宇轩 113
一枚金币 / 朱琴芳 115
老树生病了 / 吕　威 118
小兔过寒假 / 王俊兰 120
变色国的故事 / 蒋梦婷 122
写给老师的一封信 / 胡　可 124
爸爸，谢谢您 / 佘启萍 127
妈妈，谢谢您 / 肖婷娜 130

一本好书，一个益友 / 杨欣雨　133
读《城南旧事》有感 / 邢若绚　135
读《雷锋故事》有感 / 王守慧　137
读《听见颜色的女孩儿》有感 / 杨杏宇　139
含笑的雪 / 汪菲玲　142
海南的美 / 肖宇旸　144
看灯会 / 刘文洁　146
你好，校园的早晨 / 潘晓涵　148
您是我的天使 / 吴　凡　150
给祖国母亲的一封信 / 周志康　152
写给水的一封信 / 王　艳　154
妈妈，我想跟你说 / 盛驰远　156
说说压岁钱 / 涂锦成　158
小小足球赛 / 刘宗煦　160

月圆是画　月缺是失

家有二宝 / 刘子妍　164
怎能如此闹元宵 / 刘宗煦　166
永远的友情 / 刘静一　168
美妙的梦 / 王卓妍　170
再见一面 / 宗成玉　172
第一次投稿 / 郭　俊　175
有趣的标点推介会 / 李宇轩　177

左手和右手 / 潘沐涵 179
新《坐井观天》 / 宗 宇 181
感谢税收 / 张 颖 183
税收知多少 / 邵文菲 186
税收,你懂吗? / 刘新月 189
一瓶矿泉水 / 周欣然 192
缺失的窨井盖 / 王婧萌 194
海之魂,人之魂 / 岑可馨 197
"你是我的眼……" / 秦子鸢 199
梦游海洋世界 / 魏梦琪 202
神奇的蓝色海洋 / 杨 雨 205
海豚爷爷,谢谢您 / 金胜兰 208
话说万子祥 / 万子祥 210
春姑娘的魔法 / 汪馨悦 212

听，雨在诉说

我的至宝

陈高涛

  我国的饮食文化,源远流长,丰富多彩。有北京的烤鸭、云南的米线、四川的火锅……可最让我口齿留香的还是长沙的臭豆腐。

  拗不过我的软磨硬泡,妈妈终于答应给我买一份长沙臭豆腐。看着一个个白里透黄的嫩豆腐在油锅里尽情"游泳",它们好像并不怕烫,自由自在,一会儿游到这边,一会儿又游到那边,丝毫没有痛苦的表情。没过一会儿,锅里传来一阵"滋滋"的响声,同时一阵阵淡淡臭味混杂着浓浓香味扑鼻而来,让人垂涎三尺。

  我梦寐以求的臭豆腐,出锅了。他们身披金色铠甲,好像一个个从战场上凯旋的战士。店主连忙拿出刚调好的佐料,麻利地洒在臭豆腐上,接着又拿出了香菜和辣椒粉来,撒在上面,如此一番的臭豆腐就像被蜡笔勾勒出的五彩缤纷的画卷，好看极了。

看到这么美的臭豆腐，谁不心动呢！我连忙拿起牙签戳了一块，没想到只是轻轻一戳，浓浓的汁水马上就溢出来了。我连忙咬住了豆腐，喝到了那溢出来的汁水，香啊！汁水充满了整个豆腐，我连忙吮吸，香味溢满了整个口腔，使我全身上下的每一个器官，好像都沐浴在阳光里。就这样，我狼吞虎咽地把剩下的几块"至宝"咽下肚子里。吃完之后，我咕咚咕咚地喝了几大口水，真辣呀！

难怪古人都爱吃臭豆腐，因为臭豆腐这么爽口。相传王致从安徽进京赶考，却并未考上，就苦读书籍，准备来年再考。为了维持生计，王致做起了老本行——卖豆腐。因为做得太多，卖不完就用盐水腌了起来。一晃就是几个月，当他突然打开一看，臭豆腐已经发臭了。王致尝了一小口，却有一股香气溢满口中。他连忙叫邻居来品尝，邻居们都赞不绝口，这样一来，臭豆腐就流传于世间了。

长沙臭豆腐味道极好，"我爱你，犹如老鼠爱大米"。

"包"你满意

高卓然

"人是铁,饭是钢,一顿不吃饿得慌",今天早上,我兴高采烈地去"孙记锅贴店"吃早饭,一跨进店门,里面真是太热闹了。

早上八点不到,锅贴店里早已人满为患了。男、女、老、少都在大锅边自觉地排着队,有序地等候着,我也是如此。我看了一眼"菜单",上面写着:煎饺一元两个、煎包一元两个、招牌小笼包五元一笼……据说这"招牌小笼包"广受大家好评,就它了!我想了一会儿,快步走到老板娘身旁,说:"来一笼招牌小笼包。"老板娘笑嘻嘻地答道:"好嘞!"我将钱递给她,就在身旁的桌子前坐下了。

做一笼小笼包大概需要二十来分钟,我闲着无聊,便看起伙计的手法来。

只见那伙计，先拿起事先擀好的薄"皮子"，再将馅儿快速赶一点到皮上，然后将皮平摊在手心上，一只手半握着，另一只手快速蘸着皮边。一眨眼的工夫，一只小巧玲珑的小笼包便做成了。五分钟后，伙计做到第九个了，我仍目不转睛地望着。这时，老板娘端来了我的小笼包，我迫不及待地盛了一小碟醋，又拿了根吸管和一双筷子，开始享受属于我的美食了。

在吃它们之前，我又被它们漂亮的外表所吸引：奶油色的外皮，令我垂涎三尺；晶莹剔透的体形，如同个个小巧的汤圆；我又用鼻子嗅了嗅，一阵肉的鲜香味直沁心脾。心动不如行动，光看别人吃得津津有味可不行，我立马开吃了。

我小心地夹起一个小笼包，蘸了一下碟中的陈醋，咬了一口，嗯，果然名不虚传！醋的陈香与包子的肉味，手牵手在我的舌尖上跳舞，令我忍不住又咬了一口，嗯，前一口的回味与这一口的鲜味结合在了一起。我又将吸管轻轻放在包子里，吸了一口后，汤的酸甜可口又为小笼包增添了口感……不一会儿，一笼小笼包被我一扫而空。

小笼包其实是从开封随宋室南渡来到杭州的，之后又在江南地区发扬光大。今天我品尝了孙记的招牌小笼包，味道好极了。你是否也想来一笼呢？"包"你满意！

炸 年 糕

陈奕铭

这个寒假,爸爸妈妈很忙,没空带我出去游玩。我每天就是写写作业看看电视,几乎没有什么令我印象深刻的事,但仔细回想,炸年糕令我很难忘。

有一天早上,我想多睡会儿,于是,我对妈妈说:"今天能不能不去外婆家,就让我在自己家写作业,行吗?"妈妈说:"可以啊,不过早饭我没准备,你一个人在家,怎么解决呢?""哦,没问题,我可以自己做早饭。"妈妈问:"你行吗?"我拍着胸脯信誓旦旦地说:"老妈你就放心吧,绝对没问题的!"妈妈虽然有点儿不放心,但看我一副信心满满、胸有成竹的样子,还是同意让我留在了家里,只是叮嘱我要注意煤气安全什么什么的。我把妈妈的包递给她,说:"快走吧,时间不早了。"

哈哈！今天我要大显身手，好好秀下我的厨艺。做什么好呢？对了，就做炸年糕，之前看妈妈做过，超简单的，只要把年糕切成片放在平底锅里，用油烤烤再洒上番茄酱就可以了。

我哼着小曲儿开始切年糕。哇！年糕怎么这么硬，好难切，我几乎使出了吃奶的气力，中途还好几次差点儿切到自己的手，但总算有惊无险，终于切好了。我在锅里倒了些油，等油烧得开始冒烟了，就把年糕片一股脑儿倒进了锅里，只听刺啦一声，油星四溅，有几滴还喷到了我的手上，吓死本宝宝了！我一边拿着锅盖当盾牌，一边用筷子给年糕翻边，可是我速度太慢了，又忘记把火关小一点儿，年糕给烤煳了。我手忙脚乱，在这大冬天里忙出了满头大汗。最后年糕终于炸熟了，可是看上去黑乎乎的，我都不敢吃了。唉，想到忙了半天不吃也太可惜了，我还是坚持把年糕吃了，虽然不好看，不过味道还不错。

这是我第一次做早饭，也深刻体会到，有些事你看别人做很简单，可是自己动手做就会很难。

偷吃月饼

钱子豪

中秋佳节前夕，大街小巷都洋溢着热闹的气氛，赏月、吃月饼是过中秋必不可少的，月饼成了人们过中秋时走亲访友赠送的好礼品。

我喜欢舅舅送的月饼，早就垂涎三尺了。月饼的包装盒看起来就很高大上：墨绿色的外衣，上面印着"美心月饼 流心奶黄"八个金黄色的大字。打开包装盒，会发现八小盒月饼静静地躺在盒子里。月饼包装得很精致，一看就知道月饼很好吃，我想先尝一个，可是爸爸说，这盒月饼要到中秋节大家一起吃。

时间一天天过去，可中秋节还有好几天。那盒月饼却一直在向我招手，让我忍不住想去吃它。

一天下午，我终于忍不住了。我趁着家里没人，偷偷摸摸地拿出一小盒月饼。我记得妈妈说过要把月饼放进微波炉转五秒，味道会更好。于是，我蹑手蹑脚地来到厨房，把月饼放进微波炉里加热。五秒钟后，月饼出炉了，一股奶香味扑面而来。我迫不及待地把月饼拿出来，轻轻地咬了一口，顿时感觉甜味从舌尖弥漫开，整个口腔都是甜滋滋的。我慢慢地品尝，细细地咀嚼，不舍得一口把它吃光。吃完月饼，我把小盒子原封不动地放进月饼盒中，装作什么事也没有发生过。

古有嫦娥偷食仙丹，今有本公子偷吃月饼，这真是一次刺激味蕾的经历啊！

舞蹈队进京记

刘静一

北京是我国的首都,既有悠久的历史文化,又有迷人的自然风光,令人向往。令人兴奋的是,就在寒假,我有幸前往北京,跟随青少年活动中心的舞蹈队,去参加旅游卫视青少年文艺晚会的节目录制。

一到北京,老师就带我们参观了著名的中国科技馆。科技馆很大,一共有四层。陈列着从古至今的发明创造,有各种叫不出名像铃铛的东西,张衡发明的地动仪给我留下了深刻的印象。最有趣的是第四层楼上的游戏,一个大屏幕上播放的是切水果。你站在一条黄线后面,只要用手在空中挥来挥去,大屏幕上的水果马上就变成两半了,真是太神奇了!

参观完科技馆,我们去了小吃街——南锣鼓巷。这里的房子古色古香,都卖吃的、玩的。这里人山人海。我惊奇地发现，大冬天，居然还有人吃冰淇淋。我心想：这大冬天吃的冰淇淋，肯定是热的吧。我特别想吃，可老师告诉我们，还没有表演，不能吃冰的，万一吃坏了肚子上不了台，那就完蛋了。听了老师的话，我们都依依不舍地走出了店门。不知不觉中，我们又看到了一家美食店。一进去，就听见"卖糖葫芦，卖糖葫芦"的叫喊声，我们都想尝一尝北京的糖葫芦，于是，我们一人买了一根糖葫芦。吃着北京糖葫芦，感觉比家乡的好吃多了。家乡的糖葫芦一点儿都不甜，没味道。

　　第二天早上，我们很早就床了。一上午都在练习舞蹈，因为今天晚上我们要正式演出啦。吃过午饭，我们就彩排。一彩排完，我们就赶紧去化妆。化完妆，就万事俱备，只欠东风了。到了晚上八点左右，第一个节目才录制完。我们是第十八个节目，那不是要等到凌晨啊！想着都吓人，八点、九点、十点、十一点、十二点，到了凌晨还没有轮到我们。我们都昏昏欲睡了。四点左右，终于轮到我们上场了。"下一个节目，请看来自安徽省宣城市郎溪县的小朋友带来的舞蹈《水之灵》。"主持人话音刚落，我们每个队员都打起十二分精神，面带微笑上台了。跳到将要结束的时候，音乐突然停了。哎！只好重新跳一遍。出人意料的是，音乐中途又停了，所以我们一共跳了三遍。尽管很累，但我们还是挺高兴的，因为我们发挥出了最好的水平。所有的付出没有白费，我们的节目获得了金奖。在凌晨五点多,我们终于坐上了回宾馆的大巴车。

第二天中午,我们就回家了。说真的,我还有点儿舍不得北京。北京,我还会再来的!

听，校园的声音

万天乐

美丽奇幻的大自然中，有着各种各样美妙的声音，或激昂，或婉转，而我却独爱校园里的声音，它对我有一种特殊的吸引力。

清晨，我迎着朝阳来到美丽的校园，同学们朗朗的读书声，像一曲又一曲美妙的乐曲，那么动听、那么让人兴奋。广播音乐声响起，下课了，楼道里响起匆忙的脚步声，是同学们要到操场上参加升旗仪式了。"起来……"当嘹亮的国歌声响起，我不禁心潮澎湃、激动不已。升旗仪式结束后，原本安静的操场立刻热闹起来，嘻嘻哈哈、乒乒乓乓、砰砰咚咚，那是同学们开心玩耍的声音。玩耍过后，同学们又投入到了认真的学习中。此时的你，如果围着校园绕一圈，你就会听见老师细致的讲课声、同学们热烈的讨论声、笔尖轻轻滑过纸张的沙沙声、手指敲击键盘的嗒嗒声、齐声合唱的悦耳声、加油呐喊的助威声……这是不同班级正在上着不一样的精彩课程，倾听这声音，一股幸福感油然而生。

中午了，我们听见的是同学们大口吃饭和叮叮当当摆放餐具的声音。听到这声音，你就知道同学们的美味午餐已经结束，他们又将要投入到努力的学习或是快乐的游戏中了。

"同学们再见！""老师再见！"当同学们和老师相互道别的时候，你以为"校园交响曲"也将要接近尾声了吗？其实并没有，同学们背着书包，三五成群而行，他们谈笑风生、那笑声传得很远很远……而楼道内，水桶间互相撞击的"咚咚"声、自来水的"哗哗"声、拖地的"唰唰"声也正彼此交错着，校园又奏出了一首"劳动交响曲"。

当暮色开始降临的时候，校园里才真正安静下来，而当天边第一缕朝霞升起的时候，"校园交响曲"又将再次奏响。

听，雨在诉说

陈思齐

秋风吹着稀疏的雨丝，飘飘洒洒。雨点打在书桌前的玻璃窗上，淅淅沥沥。听，雨在诉说……

9月11日　星期一　大雨

今天是个不开心的日子，阴云密布，大雨滂沱。

下午的班队课上，进行了班长竞选。我自信地上台演讲，我知道同学都很优秀，我也有落选的心理准备。可当真正面对落选结果的那一刻，我感觉心在紧紧收缩，好像要努力保护着我敏感的自尊心一样。在同学和老师面前，我强忍住泪水。

此刻的我，躲进自己的小屋，泪水模糊了双眼。窗外，豆大的雨点开始飞溅，啪啪作响。我的哭声终于在雨声的掩饰下越来越大……

9月26日　星期二　小雨

点点滴滴,雨声缓慢而低沉。半个月来,天空就没停止过哭泣。

当了两年的班长就此卸任,我需要时间来调整适应。不论是课前的"起立"还是课间的领操,不论是作业的收发还是纪律的管理,我满脑子都是责任,我忙但我快乐。突然间放下,人轻松了,心却空落落的。我总在提醒自己身份的变化,又总忍不住关心班级的一切事务,可又总担心我的热心被同学误解。

窗外的雨声滴答滴答,诉说着我细腻又苦闷的内心……

你好，秋天

万绪岩

假日清晨，我躺在床上，被小区内的嘈杂声惊醒，挖土机咔咔嗒嗒夹杂着铲车的轰鸣，阵阵向我袭来。原本想多睡一会儿，此刻，再难入眠。

推开窗，东方泛白，多日的阴雨，看来今天终于放晴了。小区改造的施工声，实在太闹心，于是我让爸爸带我出去透透气。

出了门，果然不一样。公园里，到处飘扬着缓缓的音乐，晨练的爷爷奶奶迈着轻盈的步伐，手中的花折扇在空中划出了道道彩虹，伴着音乐起起落落，哗哗作响，好像潺潺的流水，让我仿佛置身溪水边。

秋天了，池塘里的睡莲叶子长得依然茂盛，油油的叶子中央满是水珠，分不清是露还是雨。微风中，水珠儿在叶中轮滑。一阵风过，摇动了岸边的柳树，万千雨点倾泻而下，落向水中的睡莲。顷刻间，池塘里乒乒乓乓响成一片，莲叶摇得像拨浪鼓，随着鼓点的起落，珠儿欢快地在叶片上跳跃着。

公园外，便是圩田。放眼望去，上万亩的水稻金灿灿的一片。成熟的稻穗，个个笑弯了腰。饱满的谷粒，你挨着我，我挤着你，叽叽喳喳，闹开了花。秋风中，起起伏伏，沙沙地响，像是正在演奏着一曲丰收的乐章。

回家的路上，我回味着天籁的音响。突然，耳边响起了《歌唱祖国》，瞬时，歌声在满大街铿锵响起。噢！我立刻想起了，今天是祖国母亲的生日。也明白了，睡莲上的鼓点，枝头的雀鸣，稻穗的欢唱，正在为祖国庆祝呢！

一路走来，闻着幽幽桂花香，秋声在心底回荡。虽然我被隆隆的机器声惊醒，晨曦中，也收获了秋声的悠扬，更自豪着歌声的嘹亮。于是，我踩着奋进的鼓点，去迎接缕缕秋日里久违的阳光。

听　雨

肖越嘉

有人喜欢观雨，但我最喜欢听雨。

春雨的声音是柔美的，"好雨知时节，当春乃发生"。春雨的降临，染绿了生机勃勃的世界，"野火烧不尽，春风吹又生"，春雨给世界镀上了母性的光辉。站在屋檐下，听那春雨轻轻地诉说，似乎感觉到春雨对世间万物浓浓的母爱。

夏雨的声音让人震撼。如果说春雨是近乎无声的，那夏雨应该算是震耳欲聋了。"哗啦啦——哗啦啦——"夏雨通常会毫无预兆砸下来，砸向屋顶、窗户，那就是一场摇滚演唱会，电闪雷鸣就都成了夏雨的伴奏，绝对是一次震撼的视听盛宴。

秋雨的声音给人带来了一种凄凉的感觉。秋雨不比夏雨豪迈，也没有春雨轻柔，但还是给人带来了新的听觉体验。听着听着，竟觉得那雨像是在呜咽、在哭泣，不由得想起发生在自己身边的伤心事，不知不觉落下泪来。

冬雨的声音听起来比较冷酷，雨中还夹着些许狂风和暴雪。但冬季的雨包含着人们对新的一年的期盼。"如果冬天来了，春天还会远吗？"冬雨总在一年的最后一个季节里，给人们带来无限的希望和期盼。

听雨是一种享受。听着听着，仿佛自己也变成了雨，在四季的长河里不停地下着……

榜　样

岑可馨

"一个人只要有了诚实的好品质，就等于有了一大笔财富。"这是爷爷从小教导我的，这也是我家的家风。直到现在，我还经常记起爷爷和爸爸的故事。

很久以前，爷爷还是一个小伙子。因为家里有很多兄弟姐妹，日子过得很艰苦。曾祖母经常教育他们要诚实、守信。当时，他们一天只能将就着吃一顿饭，但是曾祖母从不让他们占别人的便宜。正因为这样，爷爷才当上了集体的粮食保管员。和他在一起的另一个保管员和爷爷有着天壤之别，那个小伙子每天都要偷一点儿粮食带回家，有时还劝爷爷："你怎么那么笨呀！别人又不知道。"爷爷丝毫没有动心，还劝那个小伙子不要继续偷粮。后来，大家都说爷爷做得对，是个诚实的小伙子。

时光荏苒，爷爷老了。爸爸更是用自己的行动告诉我诚实做人的道理。

星期六的晚上，我和爸爸妈妈散步。在经过一楼过道时，爸爸感觉脚下踩了个什么东西，蹲下一看，原来是块手表。那是一块怎样的手表啊！小巧玲珑的表面上镶嵌一颗颗晶莹透亮的钻石，金灿灿的外圈里，几根银针正在你追我赶地赛跑呢！我早就想要一块手表了，戴上它，多神气！爸爸可没有显出想占为己有的样子，急切地问："这是谁的？他肯定很着急。"这时，我想起有两个小伙子刚刚从这儿路过，好像在找什么东西。爸爸见他俩没了踪影，也只好回家了。

第二天早上，我看见爸爸在贴失物招领启事，感到十分不解。我焦急地说："那么好的手表，别人又不知道，还不如据为己有呢！"这时，爸爸对我说起了爷爷那句话：一个人只要有了诚实的好品质……

几天过去了，一位阿姨把手表领了回去。在阿姨的道谢声中，我看到爸爸会心的笑容。我也明白了，如果爸爸把手表占为己有，那将是多么不诚实，虽然得到了一块手表，可失去了做人的良知。

寒门家风好，少年早成才。平凡而普通的我，要努力将优良的家风传承下来，让它成为一种潜在的、无形的力量，引领我健康成长。

多找回二十元后……

李 佳

家训，是中国传统文化的重要组成部分，对个人成长起着非常重要的作用。在中国历史上，有着《岳母刺字》《孟母三迁》的故事。在我家，做个诚实的人是爸爸妈妈经常教导我的。

记得一个阳光明媚的早晨，我和妈妈一起去水果店里买水果。刚到店门口，一阵浓郁的水果香味就"钻"进了我的鼻子里。嘿嘿，你可别看我的属相是鸡，但我的鼻子就像狗一样灵，因为这是"吃货"的本性。

哇！水果店里的水果可真是多，多得我的眼睛都要看花了。但尽管有这么多的水果，我的"小气鬼妈妈"也只是将苹果和水蜜桃各买了一斤。唉！没办法，谁让我有这样一个"抠门儿"的老妈呢！

当我和妈妈回到家正准备换鞋时，妈妈突然"啊——"

地叫了一声,吓了我一跳,我问妈妈:"老妈,怎么啦?"妈妈说:"刚才那个收银员多找了我二十元钱。"说完,她便向水果店奔去,我也跟在她身后跑到水果店。到了水果店后,妈妈将那二十元钱还给了收银员。收银员连声对妈妈说谢谢。回家的路上,我噘着嘴对妈妈说:"妈妈,您为什么要将那二十元钱还给收银员,二十元钱我可以买一本书,也可以买我喜欢的玩具呀!"妈妈语重心长地对我说:"孩子,妈妈不是教育你要做一个诚实的人吗,不能贪小便宜,更不能拿不属于自己的东西。"听了妈妈的话,我惭愧地低下了头,我对妈妈说:"妈妈我知道了,您经常教育我,做一个诚实的孩子,以后我再也不会这样了。"

在妈妈归还二十元钱的那一瞬间,是我家最富有的时刻。

诚信是一盏灯

王庆恒

我的家风只有两个字：诚信。

有一次，妈妈从银行取钱回来了，满脸兴奋，我连忙追问有啥喜事，妈妈向我讲述了原委。原来她在银行取钱的时候，觉得人太多了，便去自动取款机取钱。当插入银行卡时，妈妈觉得机器有些不对劲。输入密码后，妈妈在机器上选了一千元。"滋滋——"当钱出来时，妈妈数了数，怎么有一千一百元呢？妈妈当即进入银行大厅与工作人员说了，并按手续把钱还给了银行。我听了，上前拥抱着妈妈说："妈妈，我为你骄傲！"

我知道妈妈告诉我这件事就是想让我做一个诚实守信的人，这是我们家的家风，我当然不能违背。上个星期三，每天中午在学校吃饭的同桌，让回家吃饭的我帮她在文具店里买一套尺子。偏偏那天中午作业好多，我做着做着就把这事忘了,等到了学校一见到同桌才想起来。稍一迟疑,满脸歉意的我灵机一动,赶紧直奔楼下老师办公室用公用电话打给妈妈,估计妈妈还在送我来上学返回途中,请妈妈一定在附近的文具店里帮我买一套送上来。妈妈埋怨道:"你这孩子,自己答应别人的事叫我来做。"话虽这么说,尺子依然送来了,我开心地对妈妈连声道谢。虽然绕了个弯,但是一下午我心里都乐滋滋的,因为我做到了诚实守信。

我相信,诚实就像一盏明灯,它指引我朝着正确的方向前进,指引着我健康成长。

友善是一味良药

李诗璨

友善是一味良药，可以治好人的心病；友善是一座桥，可以让有隔阂的人在这座桥上自由通行；友善更是一位修理工，可以使恩断义绝的人和好如初。

记得读二年级时，在一个阳光明媚的下午，朱昱萱说："李诗璨，我要练习下腰，你帮我拿一下手镯。"我毫不犹豫地答应了。可那节体育课一过，朱昱萱和我都已经将此事抛到九霄云外去了。放学后，我留下来值日，突然发现朱昱萱的镯子消失得无影无踪了。我心里忐忑不安，私下揣摩着明天朱昱萱来把我骂得狗血淋头的样子。我提心吊胆地洗了澡，度过了那漫长的一夜。

第二天上学，我竟发现朱昱萱没有找我要镯子，我也没敢告诉她镯子弄丢了。第三天，朱昱萱终于问我："我的镯子呢？还给我。"我紧张地说："对不起，丢了。"

我低下头，不敢抬头看朱昱萱一眼。朱昱萱却说："不要紧，丢了就算了，就一个镯子嘛，你又不是故意的。"我简直不敢相信自己的耳朵。说是这么说，但我心里却像千百只虫子在爬一样难受。当晚我把事情的来龙去脉告诉了妈妈，让妈妈帮我买一只手镯还给朱昱萱。妈妈帮我买了一只很漂亮的手镯，我写了一段话送给朱昱萱：对不起，我的朋友，一只手镯并不能切断我们深深的情谊，相反，这只手镯更加深了我们的情谊……之后朱昱萱把字条留下了，把镯子还给了我。

手镯让我俩的友谊更深厚了。

我是顶级小厨师

狄雨涵

在今天的语文课上,老师布置了一项特别的任务:星期四准备食材,星期五在教室里做饭。听了这个消息,全班顿时欢呼雀跃,我也别提有多高兴啦!

老师把全班分成八个小组,我是我们这组的组长,成员有:王海林、李昌叶、胡斯安、罗乐妍、李璐瑶。我给他们都分配了任务。回到家后,我请妈妈帮忙,从家里找出一个烤箱、一瓶沙拉酱,又拿出几根大蒜,切好后放进买好的鸡翅里,再加上一点盐,鸡翅就开始腌了。不用我说,你们也知道我要做什么了吧?我们要做一盘烤鸡翅和一道水果沙拉。

星期五下午,我一走进教室就发动组员们把桌子摆成一个"凹"字形,其他小组的成员也把桌子摆成各式各样的形状。等所有组员都来齐了,我们就开始行动了。李昌叶拿出水果时，我们就"口水直流三千尺"了，赶快动手吧。

我先把草莓切成一小块一小块的，切完后，我让几个男生将香蕉切成一个个爱心形状的，我和李昌叶则把火龙果切成一条一条的，再从所有水果中挑选出几个形状好的围在盘子的周围。然后，我将妈妈给我腌好的鸡翅涂上蜂蜜，放在烤箱里烤上二十分钟。鸡翅一拿出来，金灿灿的鸡翅散发出浓浓的香味，我迫不及待地尝了一个，啊！可好吃了。我又给我的组员们一人发了一个，他们都拍手叫好。有一个同学最夸张，一手拿两个鸡翅直接往嘴里塞，让人看了哭笑不得。

还剩最后五分钟了，我们赶紧把剩下的鸡翅放在盘子中间，信心满满地走上讲台。

开始评选了，老师让我们给沙拉取个名字。我是第七个上去的，我对大家说："它叫好朋友，因为鸡翅好吃但不好看，而水果好看，但有些人不爱吃，所以，它们就是一对互相帮助、互补的好朋友！"

我们组以四票之差败给了别的组，但我们不气馁，因为只要付出了、参与了，就是最好的。

硬币，跳！跳！跳！

周子瑞

同学们一定都听说过跳高吧，今天，不是人跳高，而是硬币跳高。

片段一："三本考不上"

老师双手扶着桌子，目视着硬币，鼓足腮帮，用力一吹，硬币在桌子上方划了一道银色的弧线。全班的目光都集中在硬币上，硬币本来可以跳过杆子，可是被这么多人看着，好像害羞似的，一缩头，就卡在杆子上了。同学们见这情景，轻轻叹口气。老师重振旗鼓，深吸一口气，她的腮帮都能装下两个又大又红的苹果了，用力一吹，同学们屏息凝气，硬币果然不负众望，"跳"过杆子，稳稳落在桌面上。同学们欢呼雀跃，老师也是得意洋洋地说:"看到我的厉害了吧!我要挑战'二本'!"这时,有同学起哄说:"老师'一本'都考过了,难道还怕考不过'二本'吗?"老师得意洋洋地说:"我就考一个'二本'给你们看看!"老师深吸一口气,使出吃奶的劲吹,硬币一跃而过。此时掌声雷动,同学们都拍案叫绝。可惜老师吹'三本'时,以失败而告终。

片段二:牺牲硬币

老师看着同学们跃跃欲试的样子,就问:"有没有同学来试一下?"肖欣然大声说:"龚伊贝可以吹'四本'!"老师说:"龚伊贝上来试一下!"龚伊贝无可奈何地走到桌子旁边,双腿跪下,深深地吸了一口气,用力一吹,硬币就像在桌子上扎了根似的,纹丝不动。她把硬币挪到桌边,气沉丹田,张大嘴巴,用尽全身力气一吹,硬币不肯"跳高",它竟然"跳崖"了,就这样,硬币"牺牲"了,跳高也跳不成了。

片段三:努力!努力!再努力!

我蹲在地上,目不转睛地盯着硬币,嘴巴张成"O"字形,深吸一口气,用力喷出来,可那硬币就像跳芭蕾舞一样,慢吞吞地挪着。我一而再再而三地吹,可硬币就像故意跟我作对似的，要么就刚刚要跃过杆子又垂直落下来，要么就一动也不动。我使劲反复了三四次，那硬币终于跃过杆子，轻巧平稳地落在桌面。我兴高采烈，硬币终于跳高成功。

玩过游戏后，老师说："你们知道这是什么原理吗？让我来告诉你们，当我们在硬币上方用力吹时，由于空气的流动使硬币上方大气的压力小于硬币下方大气的压力，所以硬币会'跳高'。"

这节课真有趣啊！

上台的感觉,真好

吕光泽

"收作业喽!"班长喊了一声,教室里立刻人声鼎沸。"周记在这儿。"我把我写的周记交给了组长,迫不及待地等着老师评分。

这天,阳光明媚、万里无云,我们正上着自习,只见戴老师带着厚厚一沓子日记本走进来,同学们议论纷纷,我想:我一定是九十五分,像真的得了高分一样,咦!怎么没有我的,日记本都发完了呀!我烦躁极了,像打翻了五味瓶,忐忑不安。

突然,戴老师说:"吕光泽,上来读一下你的作文,写得非常棒!"我惊呆了,之前的伤感一下子飞到了九霄云外,我既欣喜若狂,又惶恐不安,我欣喜作文拿到了高分,但又惶恐上去读,我一向很腼腆。戴老师说:"快点儿!别磨磨蹭蹭的。"这时,我的十二指肠都在飞速运转，怎么办？怎么办？我扭扭捏捏地上了讲台，望着同学们，我头皮发麻，嘴唇抖动着，但我还是不顾一切地读了起来。我面红耳赤，生怕读错一个字，引得全班同学捧腹大笑，弄得场面很尴尬，越往后读，我越有劲，我的背挺得直直的，刚才那股胆小如鼠的样儿，早已被踢到了十万八千里开外。读完后，同学们立刻报以雷鸣般的掌声。我长舒一口气，清了清嗓子，走下了讲台，同学们都投来羡慕的目光，我暗自窃喜，希望下次再接再厉，再感受一下激动人心的时刻。

  这次上台读作文，锻炼了我的胆识和自信，真让我受益匪浅啊！

那次语文测试

宗晨宇

从一年级到现在,我经历了许许多多的考试,但三年级的那次测试却让我记忆深刻。

那是一场语文测试,当白花花的试卷飘落在我的桌子上时,我大概地将它"扫描"了一遍,发现这张试卷十分简单,题目都是基础题,我心想:这张试卷那么简单我一定可以考出好成绩的。我十分自信地拿起笔,第一题,不在话下;第二题,小菜一碟;第三题……

可是当我做到第五大题时,卡住了,我想:我对这个问题是有记忆的,怎么办,怎么办?我绞尽脑汁,回忆所学过的知识,可是我怎么也想不起来,我急得像热锅上的蚂蚁。五分钟,十分钟,十五分钟……终于,功夫不负有心人,我想起来这题的答案了,我表面上镇定自若,心里却激动不已。我又开始奋笔疾书了,这次,我一路无阻,顺风顺水，终于，我遇到了一个"大BOSS"——作文。这篇作文十分简单，题目是写一件你记忆最深刻的人，我写了我的一个同学。

写完了之后，我觉得十分简单，不用检查的，就马马虎虎地看一下就坐等交卷。终于熬到老师收卷了，我交了试卷一身轻松。

第二天试卷发下来，我信心满满地拿起试卷，一个鲜红的86进入我的眼帘，我顿时傻眼了：86分？这怎么可能呢？我赶紧翻看试卷，一个个红叉犹如一把把锋利的刀刺入我的心里，我愁眉苦脸地说："唉，这次只考了86分！比预想的差好多啊！"

回家后，我对着这试卷叹了一口气，将这张试卷上所有错题都认真看了一遍，发现我大部分都错在了一些简单的基础题上，而这错的原因竟是马虎，我后悔不已！看着这张惨不忍睹的试卷，我不禁又深深地叹了一口气！

从这次测试中，我得出了一个结论：考试时，要认真审题，不管试卷有多简单，写完都要细心地检查一遍，不能"放松"，不能粗心大意！

山道弯弯月儿圆

爱在秋天

侯楚君

秋风扫落叶时,几丝秋雨送来一抹凉意。母亲也早早地把一件叠得整整齐齐的旧毛衣放在我的枕边。"真烦人。"我摸了一下,有点儿硬,便匆匆地把它搁在一边,头也不回地冲出了家门。"妈,我到外面玩玩就回来。""那……小心点儿……哎……"身后似乎传来一句无奈与关怀的喃语。

秋风拂面而来,路上孩子们也都穿上了款型新式的线衣。耳旁阵阵秋风像母亲的唠叨,在我耳边喋喋不休。我加快了脚步,像要摆脱似的。很快,我来到了阿姨家,走到电脑桌旁,玩了起来。不知不觉中又一个下午过去了。

走出阿姨家,天暗了下来,风也大了许多。也不知什么时候变天了,好冷啊!我缩了缩脖子,飞快地往家跑。远远就看见母亲向我招手,不知她等了我多久,但我知道她不会骂我。"这鬼天气，一下子变得这么冷。"母亲一把抓住我的手，说："你看，你的手这么冷，快，添上这件衣服。"我下意识地抽回手，母亲的手比我的手还要冷得多。我接过母亲递给我的衣服，也没有耐心再听她说了什么，径直走进了自己的房间。

第二天，母亲生病了。原来，昨天母亲在外面找了我好久，又等了我好久。听着妈妈一声声咳嗽，我开始自责，一句"我到外面玩玩就回来"让母亲找了一个下午。我又想起种种，灯下为我补衣服的身影、寒风路口寻找我的焦急目光，心越来越沉。我决定向母亲道歉，这样，在病中的母亲会好受些。

"妈妈……我错了，以后我不这样了……对不起……"羞愧让我泣不成声。

"傻孩子，妈妈没有怪你，不要太难过了！"妈妈抚摸着我的头，温柔地说。

此刻，一种怦然心动的感觉悄然而起，屋内也似乎温暖起来。

尽管，秋风又起。

山道弯弯月儿圆

丁 文

　　静静的夜晚，听着一支很老的歌——《世上只有妈妈好》，久违的温暖涌上我的心头。

　　妈妈，还记得吗？那一个寒夜，漫天的雪花似柳絮飞扬。路边昏黄的灯光，将你我的影子拉长。我和您徐徐地走在回家的小路上。

　　我的左手挽您的右臂。一阵凛冽的寒风掠过，钻进我的身体，我不禁浑身一颤。这细微的反应也被您察觉，伞又向我的方向倾斜了，您也将我搂得更紧了。走到路口，我们停下了脚步。这时我习惯地抬起左手去寻您的臂弯，却扑了个空。原来，你已经站在我的身后，散开的大衣像张开的翅膀将我紧紧地裹住。寒风中，您的头发不安地掠过我的脸颊，我感觉到水的冰凉。

　　而那一刻，朝着爱的方向，我感受到了温暖。远处的灯光照亮了你，我分明看到你的鬓发蒙上了一层白霜。紧紧地握住你的手，我能清晰地感受它的粗糙。这些年，爸爸不在身边的日子里，你既是我和妹妹的母亲，也是父亲。你用柔弱的脊梁挑起了家的重担，也挑起了我们的未来。

寒风中，我瞥见你微微驼着的背，一滴滴滚烫的泪落在雪地上，我相信它们会像一颗颗感恩的种子，种在女儿的心里。

妈妈！那一路，我和您一起走过；这一生，我会和您彼此温暖。

忘不了那画面

岑 朗

那一刻,我只是想为妈妈做点儿事;那一刻,我不明白妈妈为何生气;那一刻,我突然明白了……那一刻,成为我激励自己奋发向上的动力源泉。

那是暑假中最热的一天,太阳高高地悬挂在正空中。我正在家里奋笔疾书。这时,房门外传来响动,我知道妈妈又要出门去池塘边除草了,这是她的每日功课之一,而另一项大功课则是照顾我,很辛苦。我正想着,她已经要出门了,我便慌忙冲出房间,叫住她:"妈,今天这么热,很容易中暑的,今天不去,好不好?"妈妈摸了摸我的头,笑道:"不干活咋行,草一日不除,疯长起来以后更麻烦,就像学习一样,每日学习点儿总是轻松的,临时抱佛脚可就痛苦咯。你在家好好学习,累了就休息休息,可以看看电视,玩玩游戏。"说完,拿着工具匆匆地出了门。

  我家在村子里承包了六口不大不小的鱼塘，这是全家的经济来源，池塘周围的草长得又快又多，如果不管它们，没多久人就没法通行了。

  很快地，我写完了作业，没有打开电视看最喜欢的节目，没有打开最爱的侦探小说去继续体验情节，也没有打开电脑去玩期盼已久的游戏，而是拿起早早准备好的凉开水奔向鱼塘。远远的，我停住了脚步，四处寻找，终于在草丛中找到了正弯腰割草的妈妈。通往妈妈那儿的小路很窄，左边是深深的鱼塘，右边是绿油油的水稻田，要是不小心很容易掉进鱼塘，或是踩坏水稻，想到这里，我不由得放慢了脚步，小心翼翼地走着。

  夏季的草异常茂盛，遮住了倾斜的塘埂，只剩最后一小段路了，我不顾踩空的危险，跑了起来。妈妈听到动静，抬起头来，一看我来了，问："你怎么来了？家里出事了？""没有，"我答道，"我给您送点儿水，天太热了。"接过水，妈妈敷衍似的喝了一口，就把水杯放在了一旁："回去吧，待在家里好好学习，这里不是你来的地儿。"顿时，我心里涌上了一股说不出的委屈，妈妈怎么这样，我是看你辛苦担心你才来的。

  妈妈看我不说话，也不回去，擦了擦汗，轻声说道："回去吧，知道你心疼妈妈，你好好在家看看书，做做自己的事情，妈妈不累。"说完就弯下腰继续劳作了，看着妈妈汗湿的衣服，一瞬间，委屈难过一扫而光，取而代之的是深深的内疚。这瞬间，我明白了妈妈的工作不能不做，而我也不能不行动了，体贴妈妈，关心妈妈，但我更要用实际的行动回馈妈妈，让妈妈的付出变成自己的动力。

弯下腰继续辛苦劳作的妈妈，是我激励自己奋发向上的动力源泉，那幅画面深深印入心底，我一辈子也不会忘。

妈妈，谢谢您

韩吕婷

不知不觉，我已经长大了。是您哺育了我十二年，疼爱了我十二年，教导了我十二年。我从心底里感激您！在我心中，您是我最亲爱的人。

妈妈，自打我呱呱落地时，您便把所有的爱都给予了我。是您用无私的母爱哺育了我，教我读书学习，是您用宽容的胸怀包容了我，让我从无知走向成熟，是您让我懂得了人世间的真情冷暖。

妈妈，谢谢您！在我遇到困难时，是您为我擦去眼角的泪水，安慰我、鼓励我："你一定要坚强，不管困难有多大，风雨有多狂，一定要挺住，因为我知道你一定是最棒的！"

"可怜天下父母心"，时光如梭，白驹过隙，伴随我的成长，您也慢慢衰老了。虽然有时与您拌嘴，但看着您为了我不辞辛劳，白天接着黑夜忙碌，我的心何尝不是痛着？

还记得那个冬天的早晨吗？小闹钟清脆的铃声把我从梦中惊醒。"擦、擦、擦……"一阵熟悉的搓衣声，这么冷的天，是谁在搓衣服？

我走出屋子，懒洋洋地睁开惺忪的睡眼，我看见您正坐在走廊上，弓着背，使劲搓着衣服。十指冻得像一根根胡萝卜，通红通红的，隆起的手背，像两只馒头。您就用这双手，从冰冷刺骨的水中，拿起衣服，在搓衣板上使劲地搓着。只见您的手背上的冻疮擦破了，鲜红的血从裂口处渗出。您用手捂了捂伤口，又继续搓衣服。我再也忍不住，一把扑上去抱着您，哭哭啼啼地说："妈妈，您的手……家里不是有洗衣机吗？我们不洗了，走，回屋。""没关系。"您说，"快！回去，外面冷。"我眼中泛着泪光，不情愿地回屋了。

时光时光慢些吧，不要再让妈妈变老了！妈妈，我想对您说，总有一天，您会因我而自豪。

小狐狸开店

汪 玲

这是一片神秘的大森林，这里的树很茂盛，这里的花儿特别香，从树林里流过的河水清冽而甘甜。在这美丽的森林深处居住着很多的小动物。有一只小狐狸，头脑特别灵活，最爱耍小聪明，算计别人，于是，大家都叫他"小算盘"。

最近，小狐狸在盘算着想开间杂货店，因为他看到森林里很多小动物开店生意都很好，都赚到钱过上了好日子。小狐狸也眼红了，就决定也来试一试，开店赚钱花。

经过一段时间的筹办，小狐狸的森林杂货店终于开张啦！今天是开业第一天，小狐狸为了招揽生意，也是费尽了心思。他设置了抽奖、买一送一等很多活动，因此，生意也特别红火，他待客很热情，服务很到位，顾客们都给了他很多的好评。

天黑了，店打烊了，终于结束了一天的忙碌。筋疲力尽的小狐狸也关起门来数起了钱、算起了账，哇！一天就赚了一千五百元啊！小狐狸心里乐开了花，眼睛都亮了！

　　来小狐狸店里的客人越来越多，很快小狐狸就赚到了一万多元了。他开始有些得意忘形了，服务态度慢慢差了起来。他耍小聪明爱算计的毛病又犯了。他开始卖过期的产品、三无产品，对年纪小的顾客故意算错钱，对年老眼花的顾客用假钞……

　　这天，小猴子来杂货店买香蕉，小狐狸看他还没上一年级，就故意多算了钱。可是小猴特别聪明，小狐狸刚报出价格，小猴就叫道："错了，错了！你多算了三元钱呢！"在找零的时候，机灵的小猴发现小狐狸还使用假钞。小猴生气极了，回家叫爸爸请来了森林工商所所长。

　　小狐狸一见大象所长，又是点头又是哈腰，说道："所长大人，今儿怎么有空来我的小店呀？"大象说："最近有顾客接连举报你，跟我走一趟吧。"

　　来到工商所，有许多小动物聚在大厅。一见到小狐狸，都纷纷过来指责，小狐狸脸上红一阵、白一阵的，他很后悔，向大家道了歉，承诺以后一定会好好经营。

　　结果嘛，改过自新的小狐狸自然生意越做越好，最后他还把小小杂货店扩建成了森林百货商场呢！商场开业那天，百灵鸟记者都来采访小狐狸了，小狐狸说："我以前为了能多赚钱，欺骗了很多顾客，感谢大家指出了我的错,并原谅了我。现在我懂了,做人做生意都要讲诚信,要守法经营,赚钱要赚良心钱!"说罢,森林里响起了经久不息的掌声。

多多的烦恼

李 想

动物王国有一片美丽的森林。那儿树木葱绿,空气清新。开阔的草地上,开放着各种各样鲜艳的花朵。小动物们在这儿尽情地唱歌、跳舞,别提多高兴了。

一天,多多的商店开业了,美丽的森林热闹起来。虽然刚开业没几天,可商店门口总是人头攒动、门庭若市,生意好极了。让多多迷惑不解的是,生意这么火爆,为什么总觉得赚的钱不多呢?为了弄清这个问题,多多买了几个针眼监视器。由于人手不够,他便在街上贴海报,聘请营业员、进货员。狐狸和老虎见钱眼开,趁机都报了名。原来,他们就是让多多钱多不起来的人,因为他们经常偷多多的钱和商品。没过几天,他们就来到多多的商店上班。老虎是营业员,他常收了钱揣进自己的腰包,多多没有察觉。狐狸也一样,他进货的时候,总是在路边摊买那些价格便宜的"三无产品",他靠这种方法,也赚了许多黑钱。可没过多久,许多动物都愤愤不平地来投诉:"这是什么假冒产品,价格那么高,质量也很差,给我们一个说法!"后来,多多家变得门可罗雀、冷冷清清。

老虎和狐狸,还厚着脸皮去找多多要工资。多多没有办法,只好将商品算给他们当工资,他俩笑嘻嘻地离开了。

正当多多愁眉苦脸的时候,他突然想起自己安装的几个监视器。多多打开一看,恍然大悟……多多赶紧把老虎和狐狸告上了法庭,最后老虎和狐狸得到了应有的下场。

案情水落石出,多多用心经营着自己的商店,生意也变得跟以前一样红红火火了。

零食的"诡计"

李 璨

"大家不要买小摊位上的零食了,那些东西都是三无产品。否则,停课九天!"熊校长郑重其事地说着,那铿锵有力的声音,让小动物们如受五雷轰顶。一时间,操场上议论纷纷,小动物们抱怨的声音在操场上反复回荡。

原本水泄不通、热闹非凡的摊子上突然冷冷清清的了,不知是谁走漏风声,零食们知道了小动物都不来买零食了。零食们忧心忡忡,急得像老牛踩瓦泥——团团转。它们只好紧锣密鼓地召开大会。零食族长一针见血地指出:"目前动物抵制我们,大家赶紧想想对策,请大家各抒己见。"虾条足智多谋,眼珠骨碌一转,便想出了一条锦囊妙计:"我可以将自己涂上果酱,让口味更胜一筹。"辣条不甘示弱,说:"我可以将自己涂上色彩,让我的身体五颜六色,吸引小动物们。"可乐说:"我在瓶盖上印上大奖通知,再在包装袋上写上奖项宣传,大肆吹捧一番。"紧接着棒棒糖等零食纷纷出谋划策,有的要将自己在锅里爆炒一会儿,有的要在盒子里装上流行的卡片,有的……零食族长转怒为喜,让零食们都回去准备了。虾条回了家,跳进果酱里,洗了个"果酱澡";可乐摇身一变,瓶盖上出现了许多奖项宣传……

第二天,零食们高高兴兴地上了班。花花绿绿的零食果然吸引了小猴,它掏出零花钱环顾四周,鬼鬼祟祟地做了交易,然后狼吞虎咽地吃起来。可晚上,它上吐下泻,只好上医院了。它悔恨极了:"不听老人言,吃亏在眼前"啦!

小刺猬美容

王 欣

森林里住着一只爱美的小刺猬。它非常可爱，但总觉得不够漂亮，尤其是身上长满了刺，让它痛不欲生。

它看见小老虎、小狐狸、孔雀小王子都有许许多多的粉丝，自己一个也没有，感到很自卑。

一天中午，小刺猬正忙着摘果子，听见几声锣响："来一来，看一看啊，乎乎美容院新品拔刺药水呦！"小刺猬听后，欣喜若狂。马不停蹄地跑向"乎乎美容院"，它问老板："有好的拔刺产品吗？"棕熊回答："当然有，最新产品，高科技，包你满意。跟我来。"说完，棕熊带着小刺猬来到一个大房间里，"哇！"小刺猬叫道。这里的美容产品琳琅满目，应有尽有。小刺猬看呆了，棕熊对它说："喂，我们开始吧！"小刺猬开始拔刺了，"哎哟，我的妈呀！""哎哟，疼死我了！"小刺猬疼痛入骨，撕心裂肺。终于好了，小刺猬照照镜子，果然，好看多了。

回到家，小刺猬穿上新衣服，感到很酷，于是就出门了。小刺猬乐不可支，喜形于色。它神采飞扬，潇洒自如地走在路上。突然，出现了一只凶猛威武的大老虎。小刺猬后悔极了，如果不是为了漂亮拔刺，老虎也拿自己没办法。幸好有笨笨猴相救，不然它早就命丧虎口了。

小刺猬明白了，外表美不重要，有一颗像笨笨熊一样帮助别人的心，才是真正的美。

奇妙的火星夏令营活动

方 蕊

看！那是我与长相奇怪的外星人的合影。看！那是我们一直憧憬的火星……这时，你可能会大吃一惊，也会难以置信：我怎么会有那个神奇地方的照片呢？你一定不会相信，那么就和我一起来看看吧！

记得那天晚上，我痴痴地望着群星璀璨的星空。突然，一艘巨大的宇宙飞船从天而降，停在我家大门口，只见一位无鼻子、大嘴巴、小眼睛、肤色火红、个子矮小而长相奇怪的人，对我说："我是火星人，专程来到地球，邀请你们地球人到火星进行一次奇妙的火星夏令营活动。希望你可以参加！"听罢，我便不假思索地冲进宇宙飞船中。

这位是解说员，虽然他长相奇怪，可却异常和蔼可亲："感谢你们的到来，我们的飞船到达目的地大概需要一个小时三十分钟。在这途中，我会向大家介绍火星的资料，祝大家旅途愉快！"我的心怦怦直跳，激动不已。"好，首先向大家普及一下火星的公转。"解说员温柔地说道，"火星公转一年约为687天，火星的一年也就等于地球的两年。火星自转一周与地球很相似，24小时37分22.6秒左右。它的体积也比地球小，赤道半径为3395公里，是地球的一半，内部与地球相符，也是核、幔、壳的结构组成。而且火星有着明显的四季变化，但每个季节的时间是6个月。空气呢，二氧化碳就占了95%，而它表面的温度非常低，在零下40摄氏度，昼夜温差在120摄氏度左右……"听完解说员对火星的解说后，没过一会儿，我们就到达了目的地。"好，请大家自行组织活动，避免危险！"解说员和蔼地说。一位身材高大的人，拿出一些植物种子，分发给我们。

"我们试着在火星上种植物吧！"他说。大家异口同声地说："好！"我将种子随手撒在地上，可还没等我浇水施肥，那种子竟然快速地生根，发芽，开花，结果了！我一脸不可思议地望着它。天哪，火星上种树可要比在地球上快多了！我又望了望四周，啊，真的是这样哎！接着我们又进行了种树大比拼……

之后，我们又参观了火星独一无二的博物馆。那里面有着我们从未谋面过的稀奇古怪的东西：有火星石，火星"移植"种子，火星炭……

最后,我与火星人合了个影,便乘坐宇宙飞船飞往地球了!

怎么样,听完我的介绍,你总该相信了吧?那么,下一次火星夏令营活动你可一定要来哦!

颠倒的世界

汪雅伦

　　半夜,我被一阵鞭炮声惊醒,本想继续倒头大睡,可却睡意全无,于是,我只好直直地躺在床上,呆呆地望着天花板。不好!头怎么突然一阵眩晕,紧接着,随着一道光,我竟然来到了另一个世界。

　　走在洒满阳光的林荫小道上,我的心情只能用一个字形容,那就是——爽!咦?不对啊!手表上显示是凌晨两点零四分,怎么会有这么大的太阳呢?我正感到疑惑时,抬头看到了牌匾上的字:颠倒世界。哦!原来我来到的世界一切都是颠倒的啊!就在这时,一辆公交车驶来,我正好没事,就坐上了车。

　　在车上,我无聊地看着窗外,还是觉得有些不对劲。咦?为什么路边的花花草草都在向前行进,也就是说……"What?我们是向后退的!"我大喝一声,车上的人全都望着我。我感到自己失礼了,连忙捂住嘴,深呼吸三次,以此平复自己的心情。"对啊！这是颠倒的世界，汽车倒着开很正常！"我对自己说，努力让自己适应这个世界。

"下一站，莱茵洛克。"车里的广播响起。哦，原来到我家了，逛了一大圈，正好有些累，还是回家吧。车门一开，我就连忙下车，像离弦的箭似的冲回了家。"妈！我回来了！""这么早！"我听到了浑厚的男低音，一下蒙住了，接下来我看到了令我难以置信的情景，妈妈蓄着两撇小胡子，穿着平时她最不喜欢的宽大的裤子，叼着一根香烟，跷着二郎腿坐在沙发上。天哪！我的嘴巴张得老大，这……这也太可怕了！我实在不能接受这个现实，跟跟跄跄地逃出了家。

我漫无目的地拼命向前跑，不知跑了多久，看到一片树林，在一棵树上挂着一个醒目的牌子，上面写着"欢迎入内"。看到这儿，我感觉放心不少，连忙跑了进去。林子里，空气清新，花儿对我点头，小鸟对我歌唱，一切都显得那么美好。可就在这时，我看到了一个庞然大物——恐龙！三十六计，走为上！我刚准备跑时，却看见它悠闲地吃起了一根草。哦，原来颠倒世界里的恐龙都吃草啊！我刚以为是虚惊一场，准备松一口气的时候，却发现恐龙与我四目相对后，竟……追着我跑了起来！等等！树林外不是写了"欢迎入内"的吗？唉！这儿可是颠倒世界啊！只能怪自己又忘了这茬，没办法，撒开腿，跑吧！

朋友，如果你看到了这篇文章，就赶快来颠倒世界救救我吧！哎呀！不和你说了，恐龙，它又追过来了……

纸 飞 机

魏雅怡

爸爸,您收到一只纸飞机了吗?一只载着我的爱和思恋的纸飞机了吗?你外出打工已经快一年了,你在他乡还好吗?虽然相距那么远,但是千山万水也无法阻挡我对你的思恋。我每天都在为你祝福,愿你工作顺利,平安归来。

爸爸,您一个人在外地生活,一定很辛苦吧,是不是特别孤单?每当想起这些,我就无法控制自己,总是忍不住流下眼泪。爸爸,您知道吗?当你背上行囊往外走的一刹那,我多么想追上去和你一起走。每当这时,我只能呆呆地趴在窗口边,看着你一步一步慢慢走远。为了我们全家能生活得更好,你常年外出打工。我想,您在那里一定很辛苦,因为每次你回来都会感慨道:"现在挣钱真不容易啊!"是的,爸爸,为了这个家,为了我们,你吃的苦实在太多太多了。

爸爸，我常常想，我应该拿什么回报您呢？妈妈问我："雅怡，你知道爸爸最想得到的是什么？"我知道，是我优秀的成绩，是金灿灿的奖状。因为你每次往家里打电话，都嘱咐我要好好学习。你没有什么别的奢望，只希望我有好身体、好成绩。

昨天夜里我做了一个美丽的梦，我叠的那只纸飞机，载着我的思念和奖状，飞到了您的身边。您拿着奖状，又惊奇又高兴，立刻乘着纸飞机回到了家。我迎上去，连声喊："爸爸，爸爸——"醒来才知道是梦。

乡村的夜晚很宁静，月光也很皎洁。爸爸，劳累了一天，您休息了吗？但愿您梦里能见到那只纸飞机。

遥控器争夺战

贺语涵

"18，15，18，15……"听到这里，你可千万不要误以为这是菜市场上讨价还价的声音，这可是我和老爸的一场大战哦！

好不容易挨到星期五晚上，一吃完晚饭，我就一屁股坐到了沙发上，郑重地按下遥控器上的数字"1"和"8"，然后便津津有味地看起了《名侦探柯南》。可是当我正看得起劲的时候，意外发生了，因为《名侦探柯南》一秒钟就变成了《新闻联播》。

正当我丈二和尚摸不着头脑的时候，一股烟味提醒了我。我斜着眼睛看了一下爸爸，没想到爸爸却还是若无其事地坐在那儿，看都没看我一眼。

瞬间，我心中燃起了一股无名火，我像一头发怒的狮子，朝爸爸扑过去，凶神恶煞地对爸爸吼道："老爸，遥控器是我先拿到的,你凭什么非看你喜欢的?"

听了我的话,爸爸也一下子怒了,他说:"看看看,一天到晚就知道看,你作业写完了吗?你是小学生,一定要多看书,知道了不?"

嗨,我竟无言以对。

来硬的不行,来软的应该没问题吧!

我细声细语地对爸爸说:"爸,给我看一会儿呗,我保证,我的眼睛一定睁得比铜铃还要大!"

"去去去,到一边玩去,别挡住我看《新闻联播》。"爸爸毫不留情地拒绝了我的请求。

哼,大人也太霸道了吧,自己看电视的时候不也眯着眼睛嘛!软磨硬泡都不行,看来只能使出必杀技了:抢!

我慢慢地朝爸爸走去,一下子扑到爸爸的身上,我们就像两条蛇,绕在一起。

这时,妈妈从厨房里走了出来,拿起丢在一旁的遥控器,看起了电视剧。

嗨,这真是鹬蚌相争,渔翁得利啊!当我们察觉到的时候,已经晚了,因为我们都惹不起"山大王"啊!

爸爸，感谢您！

罗悦苗

爸爸，您还记得吗？小学一年级的时候，我才六周岁，在学校写课堂作业的时候，铅笔一下子断了，我没有卷笔刀，只好找别人借了一个卷笔刀。我觉得这个卷笔刀好漂亮，也想要一个漂亮的卷笔刀，不想把这个卷笔刀还给同桌了，于是，我把卷笔刀带回了家。

您下班回来，看见了这个卷笔刀，问我："苗苗，这个卷笔刀是谁的呀？""我……我……"我支支吾吾地回答。这时，您似乎已经知道了什么，严厉地对我说："这是同学的吧！"看见您那严肃的面孔，我惭愧地低下头来，小声地说："嗯。""明天早上你要把这个卷笔刀还给别人，知道了吗？"顿时，我的眼泪流了下来，难过地说："知道了。""不是常说有借有还，再借不难吗？这也是考验你道德品质的时候。还有，捡到了东西要及时交给老师，要拾金不昧，不要以为钱上面没有刻字，谁捡到了就是谁的。不要贪图一时的利益做出不道德的事情。我们要做一个具有良好道德品质的小学生。"您看起来特别生气，数落我好长时间。从那以后，我再也没犯过类似的错误。

爸爸，您不但教育我做人，还在学习上帮我养成独立思考的好习惯。

我三年级的时候，晚上回家写作业，有一题我觉得特别难，我连想都不想就将乞求的目光投向了您。您耐心地对我说："你再想一想，等想不到的时候再来问我。"我想了好长时间，可还是没有想出来。我就又跑到您身边说："爸爸，我还是想不出来呀。""你刚才是怎么想这道题目的呀？"我把我的思路一字不差地告诉了您。您却说："你换一种思路，有可能想出来哟！"我听了您的话，换了一种思路。咦！想出来了。我洋洋自得地对您说："爸爸，您看，这道题我做出来了！""我让你自己想，是要教会你自己动脑筋，不要只想指望别人，独立思考很重要。"

爸爸，您的教导，使我在生活和学习中战胜过许多困难，获得了许多成功。重要的是，您从小就让我不向困难屈服，不把自己堵死在一条路上，这种态度，这种思维方式，的确让我受益匪浅。

爸爸，您给了我一片天空，我就是一只雏鹰，去蓝天飞翔！

您的冷漠，也是一种爱

罗慧扬

妈妈的爱如和煦的春风，而爸爸的爱则像冷漠的朔风。

那是一次考试，非常简单，我考了九十分。我兴高采烈地拿着试卷跑回家。"哇！这次考试考了九十分，真棒！我相信你下一次能考得更好！"妈妈拿着试卷眉飞色舞地说道。听到妈妈的评价，我的心里像灌了蜜一样甜。我想您一定比妈妈更会评价，就急忙从妈妈的手中拽过试卷，一溜烟地冲到您的身边。

您拿起试卷认真地看了起来，眉头时而紧锁时而舒展。我站在您的身边，不由得紧张起来。突然，您把试卷往桌上一放，大声说道："你看这题……还有这题……你是怎么错的？"我大吃一惊，靠上跟前。"考得这么差，还好意思洋洋得意！""九十分还不行吗？"我很不服气。"最高分是多少?"您严肃地问。我低下头,不敢直视您的眼睛,呢喃道:"一百分。"您又对我吼道:"不是第一,就没有资格骄傲,况且你那么粗心!"听了爸爸的训斥,我低声哭起来。

从那一天起,我蜕下了虚荣和骄傲,暗暗下定决心。我一定要证明自己,让您对我刮目相看。每天,上课我认真听讲,下课也不贪玩,每次考试时我认真检查。终于,功夫不负有心人,期末考试,数学我考了一百分。

这时,我才明白您的良苦用心,明白在某件事上,不仅要有鼓励和支持,还要有冷漠和批评。

爸爸,我读懂了您,您的冷漠也是一种爱。

爱 在 哪 里

谷 媛

记得小时候，爸爸问过我一个问题："如果爸爸妈妈离婚，你跟谁？"我毫不犹豫地说："我要妈妈。"妈妈看了看爸爸，低下来对我说："傻孩子，你不要爸爸了吗？""我只想要妈妈。"我说。"你不要说了，我们永远不会分开！"爸爸说。我似懂非懂地点点头。

我不知道那到底是一个考验还是一个玩笑，但在我的记忆中，爸爸妈妈总会因为鸡毛蒜皮的小事争吵不停。他们总说为我吵架，我不懂。每当情人节纪念日什么的，我总会催他们要不要"浪漫"一下，每次都会被他们一句"这么大年纪用不着"给顶回去。

书上说，有爱情就会有爱，有爱就会有婚姻，我一直追问爸妈他们的爱情故事，他们也说不出什么。在我的记忆中，他们之间没有什么亲昵的称呼，没有什么情侣信物，我甚至没有听到一句"我爱你"。

那天，我们一家三口到医院看望身患癌症的姑奶奶。走进病房，姑奶奶躺在床上，鼻子中插了一根又细又长的透明管子。午饭时间到了，姑奶奶喊老伴喂她吃饭，只见姑爷爷弓着腰从桌子边走来，拿着一杯牛奶和一瓶温水。姑爷爷尝了尝牛奶，对姑奶奶说："这温度应该行吧！"整个房间静悄悄的，整个世界静悄悄的，连输液管中的滴液都是缓缓的。姑爷爷将透明管连接鼻孔处的塞子轻轻拨开，将牛奶向管内推去，再慢慢关闭塞子，用纸巾将残留在姑奶奶嘴角处的奶渍轻轻拭去，一切悄无声息。走出病房，我问爸爸妈妈："这是爱吗？"他们无一应答。我想爸妈之间能做到这一点吗？

回到家里，厨房里奏起"交响乐"。"这里放过盐了，哎呀，你想干吗？""快去客厅歇一会儿，剩下我来干。"这似乎是争吵又好像不是。我探过头去，他俩忙得不可开交。爱是什么？电视剧中的夫妻也常拌嘴，就像我面前的爸妈。突然，爸爸嘴里冒出了一句话："老婆子，以后年纪大了，我让着你。"此刻，我心里泛起一股暖流。

没有波涛汹涌，不是细水长流。只是，那一瞬间，不知何物触动了我的心。执子之手，与子偕老。爱很平淡，却珍贵。爱总是藏在某个角落，其实一直存在。

那位叔叔

潘　姝

光阴似箭，日月如梭，但生活中有些记忆不会随着时间的流逝而褪色。有件事，至今让我记忆犹新，感叹不已。

去年，在天气晴朗、阳光明媚的春天，我、妈妈和阿姨来到了被称为"人间天堂"的杭州西湖游玩。西湖的水面有成片的出淤泥而不染的荷花，隐约看见白娘子和许仙相会的断桥，清波荡漾，柳枝飘拂。我被那景色迷住了，东看看，西看看，结果和妈妈她们走散了，等我回过神时，她们已经不见了踪影。我到处寻找她们，可怎么也找不到，我的眼泪像珍珠一样滚了下来。

这时，一位戴着近视眼镜的叔叔走到我的身边，亲切地问我："小朋友，你怎么一个人，你的家人呢？"当时，我心里怦怦直跳，心想：他到底是好人还是坏人，我应不应该告诉他我和妈妈走散的事情。我纠结了好一会儿,为了找到妈妈,我还是告诉了这位叔叔。叔叔说他很同情我的遭遇。他把我带到了广播室里,他说:"我去播个音,让你妈妈来找你。"我点了点头。说完,他去了。过了一会儿,妈妈和阿姨来找我了,我泪流满面地投入妈妈的怀抱,告诉妈妈事情的来龙去脉。妈妈和我一起等着这位好心叔叔,想当面道个谢。可是等了很长时间也没有等到这位叔叔。我想:这真是一位做好事不留名的"活雷锋"。

好心的叔叔,我想对您说:"您的帮助,我永生难忘。您雪中送炭的举动就像生活里的一盏灯,指引着我今后的人生之路。"

表　舅

王祥露

放学回家，我一推开家门，看见一个乡下小男孩儿在玩我的电动玩具。他比我矮一个头，还有一张难看的大嘴巴，上牙往外凸，要多难看有多难看。

我走进客厅，见姥爷正陪着一个乡下老头儿说话。姥姥指着那个男孩儿说："露露，这是你的小表舅，你可要好好照顾他啊！"什么？我真不敢相信自己的耳朵，一个比我矮一大截的乡巴佬竟然是我的表舅！"我不认识他！"我生气地将门一摔，转身回到自己的房间，闷头写起作业来。

可那个乡下小男孩儿还真不知趣，没过一会儿，就推门钻进我的小屋，问："你有小人书吗？借我看看，行吗？"一见他那土老帽儿，我气就不打一处来，不耐烦地说："没有，没有！我这儿又不是书店，找我干什么？"

那个小男孩儿最终悻悻地走了。

　　写了好一会儿作业，我发现笔没水了。我把家里的笔筒翻了个底朝天，连一支能用的笔芯也没找到。正当我焦急万分时，"小乡巴佬儿"又走了进来。"别给我添乱！"我没好气地说。他犹豫了一下，从兜里掏出一支崭新的银色钢笔递给我，小声地说："我爸爸给我新买的，你先用吧！"

　　我接过这支闪闪发亮的银色钢笔，真想说声"谢谢"，可是怎么也说不出来。我仿佛觉得站在我面前的男孩儿一下子高大起来，而我却在瞬间变得渺小。他宽厚待人，助人为乐；我以貌取人，轻视他人。刹那间，我心里五味杂陈。

　　我手捧着这支钢笔，它闪烁着耀眼的光芒，仿佛催促我写下这触动心灵的一瞬间。

美丽的音符

祖孙三代道家训

聂盎格

我们家有这样一条家训:种田要把田种好,读书要把书读好。这条家训是外公经常教导我们的。外公、舅舅和我用实际行动一一诠释了这条家训的内涵。

我的外公是个勤劳的人,他做事有计划。他安排外婆做家务,他做农活。每当舅舅他们想帮外公干农活时,外公总是不让,他会对舅舅说:"你们把书读好了我就满足了。"

外公的木工手艺在村里也是数一数二的,经常帮别人做家具。每当农活干完,又没有接到木工活时,外公也闲不住。他捕龙虾卖钱贴补家用。虾笼本身就重,虾笼浸了水更重。每当外公用那矮小的身子挑着虾笼时,外婆看到心里很不是滋味。外婆就劝他不要干了,不要折腾了。"这怎么叫折腾呢?"外公笑着说,"担子越重,说明收获越大。"

外公经常对舅舅他们说：种田要把田种好，读书要把书读好。

就是这句普通的话语，对舅舅们触动很大。大舅感悟最深，他下决心一定要把书读好。每天五点起床后，大舅来到小树林读书。寒来暑往，从不间断，时间一长，大舅在读书的小树林踩出了一条小路来。功夫不负有心人，后来，大舅凭自己的实力考上了理想的学校。

到我这辈时，妈妈也常常把这句话挂在嘴边。送我上学的路上说，吃饭说，辅导我做作业时也说。渐渐的这句话在我心底扎了根，种田要把田种好，读书要把书读好。于是，我上课认真听讲，作业认真完成，不懂就问，现在，我的成绩在班上名列前茅。

种田要把田种好，读书要把书读好，这句看似普通的话，成了我家的家训，鞭策着我们每一个人。

家风伴我成长

童子逸

我的家是一个宁静的港湾,有活泼可爱的我,能干慈爱的妈妈,认真严厉的爸爸。爸爸是一名教师,每天早起晚归,一心扑在他钟爱的教育事业上。妈妈无固定职业,有时候在超市当营业员。他们收入都不高,但全家生活得充实而快乐。

记得小时候爸爸教我背古诗《悯农》,里面有两句诗:"谁知盘中餐,粒粒皆辛苦。"爸爸告诉我,农民很辛苦,要懂得每一粒粮食来之不易,要懂得节约,当时,我似懂非懂。上学后,我爱面子,以大手大脚花钱为荣,和同学比吃比穿,有时还向爸妈提出过分的要求,来满足自己的虚荣心。爸妈没对我讲大道理,而是用他们的实际行动影响我。不管是在镇里还是后来到了县城,爸爸妈妈始终保持节约的本色。妈妈是家里的"财政部长",大小物件的添置都是妈妈一手操办，她在衣食住行方面总是将开支降到最低限度。"爱美之心，人皆有之"，漂亮的妈妈也爱打扮，但妈妈很少逛名牌化妆品店，总是到一些普通的化妆品小店拣最便宜的东西，并且还要让店家打折了才买。爸爸不抽烟，不喝酒，不赌博，也极少应酬。爸爸总说他对这些不感兴趣，读书是他的最爱，我还私下里嘲笑他是怕花钱。现在我体会到爸爸妈妈的良苦用心，如果不省吃俭用，也不可能有我家现在稳定而幸福的生活。

民主是我们家的好家风。爸爸和妈妈相敬如宾，有事情总在一起商量，共同解决。尽管我是孩子，但他们身上没有高高在上的家长做派，事情无论大小，与我有无关系，他们都会事先向我询问建议。在他们眼中，我现在是小大人了，有"参政议政"的权利。我们家每个星期都会召开家庭会议，大家都会发表意见，指出彼此好的表现和要改掉的毛病。我是一个不善于表达的孩子，总喜欢安静地听他俩说，所以每次家庭会议我都吞吞吐吐，生怕说错话。爸妈总是鼓励和包容我，让我想说什么就说什么。现在只要有想说的，我都会轻轻松松地告诉他们。民主的家庭氛围不仅让我平等地站在父母的面前，也让我获得了自信和被尊重的快乐。

孝敬老人是爸爸妈妈给我树立的又一个好榜样。爸爸常常说，对待老人不要留下"子欲养而亲不待"的遗憾。爷爷、奶奶、外公、外婆都住在农村，由于工作的原因，爸妈不能时常回去看望他们,所以打电话成了最主要的联系方式。爸妈每个星期都要打好几个电话给他们,询问他们的身体状况和生产情况,要他们多注意身体,少劳累,多买有营养的东西吃。去年,爷爷和外公先后生病,考虑到乡下的医疗条件差,爸妈将他们接到县城里的医院来治疗,爸妈每天往返于单位和医院之间,很辛苦。在他们的悉心照料下,爷爷和外公都康复了,我们全家都很高兴。

我的家庭很普通,但我觉得在这样的家里很温馨、很幸福,大家都爱着自己的家人。我要以他们为榜样,做一个节俭的孩子,做一个自信的孩子,更要做一个有爱心、有孝心的孩子。

盐官观潮行

孙语凡

海宁潮以"一线横江"被誉为"天下奇观"。今年国庆长假,我有幸随爸爸妈妈一起去海宁,我要一睹海宁潮的风采了。

经过漫长的车程,我们终于到达了目的地——海宁盐官观潮景区。这是一座古城,距今已有两千两百多年的历史。这里不仅是著名的观潮胜地,还有其他许多名胜景点。我们走进金庸书院的大门,便是一条长长的甬道,最吸引人的便是这甬道左墙上的石壁画了,悬有"飞雪连天射白鹿,笑书神侠倚碧鸳"等十五部金庸作品的经典内容,杨过、小龙女,还有乔峰、韦小宝等每一个人物形象都栩栩如生,使人忍不住驻足细细观看。穿过正门,便是书剑堂。它坐落在一池碧水之上,池里有许多五彩缤纷的小鱼快乐地游着。院内所有陈设古色古香,处处透露着一股侠士之气。这让我不禁想到古装电视剧的情景,许多游人纷纷拍照留念,爱臭美的我也是毫不犹豫地站在上堂,拿起书桌上的毛笔摆起了pose……

走出了金庸书院,我们来到了宰相府第风情街。这是古城的核心街区,整条街道青砖石板,粉墙黛瓦,全是古居,印证着它昔日的喧嚣与繁华。街道沿溪而建,由一座座拱桥与外相连。溪边的垂柳舒展着齐腰的长发,微风吹来,它们婀娜地摇曳着……站在桥上,仿佛置身画中。老街内有古城楼、陈阁老宅、花居雅舍、皮影戏等十余处景点,据说央视版《鹿鼎记》的部分场景就是在这里拍摄的。沿街古色古香的店铺里有很多好吃好玩的,身为"吃货"的我,自然是少不了品尝和淘宝。

时间不早了,我们便向着观潮胜地公园前行。到了那儿,已是人山人海。观景台上、堤坝上、下面的安全护栏边、护坡上全是黑压压的一片。前来观潮的游客如此之多,果真是"人潮江潮两相拥"!站在堤坝上放眼江面,满眼白茫茫的一片,心胸顿觉开阔。因为是阴天,江面被一层薄雾笼罩,仿佛戴上了一层面纱,若隐若现,与远处的天边形成了水天一线。一阵风吹过,隐约听见水浪拍击的声音"沙啦啦、沙啦啦……"像在演奏澎湃的交响乐。忽然,人群一阵惊呼躁动,接着全体站立,我定睛一看,潮来了!潮来了!平静的江面上远远地出现了"一条白线",犹如千军万马似的从远处奔腾而来,颇为壮观,而潮头未到的江面却安详平静，形成了鲜明的对比，果然是"天下奇观"！这"一线潮"不禁惹得人们拍手叫好。人们纷纷拿起手机、相机记录这激动人心的时刻。此时，我的心情也随之变得异常激动。潮头呼啸而过，我似乎感受到了它的丝丝凉意，耳边响彻着潮水雄浑的"男中音"。不对，好像还有隆隆的声音，抬头一看，啊！一架直升机在头顶盘旋，正在全程拍摄壮观的海宁潮。江潮过去，游客们带着惊呼和欢笑慢慢退去。目送着江潮，我们也依依不舍地离开了。

　　盐官景区的古色古韵令我流连忘返，海宁潮水的大气磅礴使我心潮澎湃。祖国的大好河山怎不叫人心驰神往，我憧憬着锦绣无比的远方！

美丽的音符

张歆贻

都说好风景在远方,拥有至美之景的泸沽湖一直是我向往的地方。

今年暑假,我随爸爸妈妈千里迢迢来到云南,只为一睹泸沽湖的芳容。通往泸沽湖的山路是那么崎岖不平,我第一次领略了所谓的"山路十八弯"。接连而来的各种弯道让我头晕目眩,胃里也排山倒海般翻腾着。车行驶在悬崖峭壁和崇山峻岭之间,我的心都提到了嗓子眼,吓得干脆闭上了眼。

车子就这样颠簸着、摇晃着,也不知过了多久,半梦半醒之间的我忽然听到妈妈叫道:"好美啊,快下车啦!"我立刻像打了鸡血一般从座位上跳起来,随妈妈下了车。天啊,眼前的这番美景美得让我不敢相信自己的眼睛!泸沽湖宛如一颗蓝色的珍珠镶嵌在万山丛中,远处的格姆女神山也是那样的秀美,她宛若一位半睡半醒的仙女静静地横卧在泸沽湖畔,山间萦绕的那袅袅云烟是她身披的薄薄轻纱,水平如镜的泸沽湖是她怀抱中的梳妆镜。这仙境般的美景不禁让我感叹:此景只应天上有,人生能有几回逢。正当我陶醉其间时,爸爸走来牵过我的手,一起乘上当地特有的"猪槽船",开始了我们的环湖游。

山风一阵阵吹来,船儿悠悠,涟漪层层泛起,让人心旷神怡。泸沽湖的水真蓝啊,蓝得像晶莹剔的宝石;泸沽湖的水真清啊,透过湖水,可见湖底颗颗珍珠般的洁白鹅卵石。看着眼前的一切我想起之前看过的那段话:画家说,泸沽湖不能画出来,因为水太蓝,画出来像假的,作家说,泸沽湖的水可以直接吸入笔中写诗,但诗又无法描述她的意味,摄影家说,泸沽湖无法用镜头展现,泸沽湖的美只可意会,不可言传。

迷人的泸沽湖啊,我多想变成一朵白云,投映在你的湖心,我多想变成一阵山风,拂过你的水面,我多想变成一块鹅卵石,静静地陪伴着你……

我到青岛去看海

陆润泽

那美丽的大海,深蓝的大海,广阔的大海……让我感觉既风平浪静,又波涛汹涌,海的胸怀如此的宽阔,海的家园如此的富足,不显狭隘,不显贫瘠,蕴藏着无穷的奥秘……

记得我第一次看见海的时候是在五年前了。那时,我和爸爸妈妈一起去青岛游玩。坐了十几个小时的长途车,终于来到了期待已久的海滩边,我兴奋不已,和爸爸一起泼水玩,一不小心把海水泼到了嘴里——那水很咸,滋味可不好。我连忙问爸爸,爸爸说:"这是因为海水里有盐分,哈哈,没关系的,我们继续玩吧!"过了一会儿,爸爸把手放在背后,"猜猜,我捉到了什么?"爸爸笑嘻嘻地说,"包你猜不出来。""贝壳?""不——对!""小鱼""不——对,是螃蟹!"爸爸立刻把手摊在我面前，两个黑乎乎的小家伙仿佛像将军一样爬来爬去，挥舞着一双大钳子，好可爱！

海是如此之大，无边无际，几只展翅翱翔的海鸥在海面上匆匆掠过。哦！它们排成人字形队伍，如海的王国中的子民，昂首挺胸，摆着美丽的姿态。过了一会儿，海面上突然涌起滔天巨浪，仿佛一条蓝色的巨龙，张开血盆大口，要吞噬面前的一切，我用相机记录下这雄伟壮观的一刻。这一刻，虽然转瞬即逝，但在我的记忆中却是永不消逝的。海中屹立着几块巨大的石头，它们就像海洋的守护者，用生命誓死保卫着海洋。

从此，我对海的憧憬就没有停止过。我常常把自己想象成一头逆戟鲸，在大海里遨游，和鱼儿们嬉戏，跟海鸥亲密互动，让海洋变成一个和谐、安宁、自由的欢乐场！

我还想以后当一名专门研究海洋生物的科学家，这样，我就可以穿越四大洋，可以亲自接触各种奇异的海洋生物，那真是一段期盼的旅程。

海是一座宝库，是我童年最珍贵的回忆，海给我的启示，会让我受益终身。

学打羽毛球

汪菲莉

羽毛球,一项最常见不过的体育运动了,可是对于缺乏运动细胞的我而言,想学会它却成了个大难题。暑假,爸妈给我报名参加了羽毛球训练班,真是难为我了。

我极不情愿地去上了我的第一节课,跑步、拉伸、基本动作……既枯燥又辛苦。还不到一个小时,我已累得精疲力尽了,更让我害怕的是,教练那么严厉,我屡屡受到训斥,我的信心和自尊心受到严重的打击,心里就像打翻了调味瓶,不是滋味。伴着泪水和汗水,我终于熬过了这漫长的两个小时。我拖着疲惫的身子回到家,想到这一个暑假天天都要和羽毛球相伴,那该挨多少骂,吃多少苦啊……天啊,简直不敢想下去了,我闭上了眼睛,觉得自己从来没有这么期盼过暑假能快点结束。

第二天,我决定实施"一哭二闹三装病"的计划。

于是我对爸妈软磨硬泡，他们却是无动于衷。想到教练那张可怕的脸，想到桑拿房一样闷热的球馆，我快喘不过气来了。看来只能用上我的"终极计划"——装病了。我猛烈地咳嗽起来："咳！昨晚空调吹多了，怎么咳得停不下来了，咳！咳！"妈妈似乎一眼就识破了我的小伎俩："那就请假带你去医院打针吧。"一听到"打针"，我触电般地跳了起来："啊！这会儿好像好多了，不用去医院了。"妈妈听了并没有责怪我，她语重心长地对我说："其实，面对困难时最大的敌人就是你自己，要想战胜苦难，首先就是要战胜自我，只要你心中无所畏惧，勇往直前，任何困难都会向你低头。"我羞愧地低下了头，并在心中暗暗下定决心，一定要把羽毛球这项运动坚持下去。

　　之后的训练依旧枯燥，教练依旧严厉，天气依旧炎热，可我却变了。我变得对羽毛球有兴趣了，变得坚强，变得有毅力了。教练也夸我进步很大。一起加油吧，战胜自己，做最好的自己。

难忘的"闯祸"

宋辰琛

提起在外公家闯的"弥天大祸",我心里就不是滋味。那次经历,使我刻骨铭心,我打碎了外公的"至尊收藏"。

外公最珍视的收藏是一对栩栩如生的陶瓷麻雀。外公百般珍爱,珍视的程度和我差不多。这对陶瓷麻雀是外公最好的朋友送给他的。外公什么收藏都给我玩,除了这一对陶瓷麻雀。一个星期天,我突发奇想,想把这对陶瓷麻雀拿在手上玩一玩。我趁外公不注意,从架子上取陶瓷麻雀,不知是重心不稳,还是被沙发脚绊着了,意外发生了。两只陶瓷麻雀从我的手中滑落,我被那清脆的破碎声吓蒙了。这下惨了!我连忙从地上捧起陶瓷麻雀,发现表面没什么损坏,但是尾巴碎了。怎么办?

我灵机一动,从工具箱中找来胶水,想把尾巴安上。

外公闻声而来，勃然大怒。我吓得大哭起来。外公从我手中夺过陶瓷麻雀，失望地把"尾巴"扔进垃圾箱里，并收拾了陶瓷渣。从他的叹气声里，我知道外公是多么舍不得。

夜晚，在一些残留的陶瓷渣那里，有几滴晶莹的泪珠。在放陶瓷的架子上，一对断了"尾巴"的麻雀好像也伤心地哭了。

国庆长假欢乐多

李承毅

国庆长假终于到了,可以去奶奶家痛快地玩几天了,我心里可是天天盼,夜夜盼。现在,总算是盼到了。

昨天晚上,我就加班把作业完成了,数学、语文、英语等,全部做完,这样才能无忧无虑地玩一番。

清晨,坐着公交车到东夏镇,满怀的好心情溢于言表。透过车窗往外看,静如明镜的天空与清波荡漾的湖水交织在一起,郁郁葱葱的树木和温暖湿润的风儿缠绵在一起,一切都是那么和谐、美好。到了汽车站,爷爷已经早早地在这等候,坐着爷爷的电瓶三轮车,我高高兴兴地来到奶奶家中。

推开灰色的纱门,我就"咚咚咚"跑到卧室把行李放好。进了卧室,哈哈!堂弟还是一如既往地坐在沙发上,捧着他那视如珍宝的手机,一个劲地捣鼓,看动画片就差钻进去了。我双手叉着腰叫了一声:"堂弟!又在看手机呀。"这时,他才如梦初醒,傻傻地冲着我笑了笑,什么也没管,又继续看他的手机了。我心憔悴:唉!哥都不会喊了。我转过身,去了厨房,奶奶正坐在板凳上,处理着一只公鸡。我高兴地喊道:"奶奶,又要开荤了哈!"奶奶一惊,回头看了看,说:"还不是你们回来了么,要不然,我也不想把我心爱的公鸡给咔嚓了。"我扭过头来,笑了笑:嘿嘿,奶奶还是和以往一样幽默风趣。走回客厅,阿姨正好从楼上下来,我笑嘻嘻地问:"阿姨!你今天怎么起来晚了呀?平常你都是很早下来的?"阿姨打着哈欠,回答:"昨天回来有些晚,没睡好呗。"我点了点头,跑进卧室里,和堂弟去玩了。

  过了好一阵子,饭菜的味道开始止不住往我鼻子里钻,我循着味道来到餐厅。哇!可谓全都是佳肴啊,"开饭了!"随着奶奶的一声"令"下,我们全家人都举起筷子,动手夹。爸爸和叔叔、爷爷,一边饮酒,一边谈论一些深奥的话题;妈妈和阿姨、奶奶一边夹菜,一边讨论我们俩家二宝的事;我和堂弟一人捧着一杯可乐,一边聊着动画片里的趣味故事。忽然,一阵清香打断了我的思绪,我闻香寻去,"番茄鸡柳!"我控制不住自己的手,以迅雷不及掩耳之势,将鸡柳一扫而空,堂弟看着鸡柳一个个减少,自己又夺不到,于是就动了歪想法。我夹一个他就在我碗里拿走一个,这样循环下来,我碗中的还没有他多。当我发现时,堂弟也不知道藏哪儿去了……

午饭结束后,我们休息了片刻。看着这样美好的天气,我们临时决定到镇上去逛逛吧。

下了小山坡,一辆轿车出现在眼前,这就是我们的交通工具。叔叔上车后,将车子从草地上开到大路上来。我们乘着它,一路来到了大桥桥头。虽说这里是个小乡镇,可汽车、货车、轿车什么的,却是不计其数,光是一座桥,就被堵了个水泄不通。没有其他的办法,我们只能把轿车停在一边,步行去集市了。停好车后,我们就开始穿梭于汽车海洋之中,很快消失了踪影。

路程可真是够远,花费了我们好多的时间。头上的烈日毫无怜悯之心,炙烤着大地,我们已是汗流浃背。去集市的念想早已飘得无影无踪,我们来到了商场里。这里的阴凉可真叫人舒服,总算能歇歇脚了,还好今天是假日的第一天,人不算太多,要不然再过几天,这里可也会变得人山人海。开始逛商场了,我挺喜欢在这里逛的,这里的许多人都是看着我长大的,都认识,所以我妈妈也不担心我会走丢。我领着堂弟,要在这里"疯狂扫荡"。这种薯片出了新口味,这种糖果有新花样,这里新进了一种新的饮料……每一种都想买,但是必须得去问问爸爸妈妈。这时我的视线开始移动到堂弟身上,他可以当诱饵,去问问可不可以买这些东西,毕竟这也是他想买的。我的花言巧语收买了他,他立刻跑到二楼卖衣服的地方,去询问父母,而我则是坐等消息。

这时,一个熟悉的身影出现在我眼前,喘着粗气,是堂弟!他带着好消息回来了,我一听,可开心了,扫荡继续进行。很快,我们俩的购物车就装满了,脸上洋溢着笑容。妈妈他们下来了,都拎着许多袋子,不用想,里面都是她们买的衣服。只见他们看见了我和堂弟,脸上立即显露出无语的表情。"买这么多呀,硬是要把我们弄破产呀。"叔叔说道。"你们也是厉害了。"姑姑也接着说。还没等我爸开口,我和小弟因禁不起"狂轰滥炸",迅速撤离了。到最后,那些东西还不是都结账了,我和堂弟拎着沉重的一大包东西,和家人一起,往车子那边去。

购物结束后,总算回到了车子上。温度上升得很快,大家都迫不及待要回去了。

上了小山坡,回到家里。一进门就遇见了爷爷奶奶在择菜,看见我们手上的东西,感叹道:"乖乖,买这么多。"都是一家人,不用听也知道爷爷奶奶会这样说。我和堂弟啥也没管,就冲进了卧室,要"检查"自己的"战利品"。看着这些东西,我实在不知道该说些什么,总之实在太开心了。

到了该吃晚饭的时候。我和堂弟一直处在卧室里,对于时间的流逝全然不知。直到那极富个性的香味飘来,才将我们从卧室"拽"了出来。晚餐的菜式全都变了,和中午截然不同,但美味程度不输中午。晚上的我和堂弟并不像中午那样,现在的我们只是将晚饭一扫而空,就端着一杯可乐,进了卧室。"我吃好了!""我也是。"原来,今天晚上要播放我俩最爱的节目——快乐大本营。所以,我们根本没有理睬那些美食。

晚上要歇息了,关上明亮的电灯躺在床上,心里想着:又是快乐的一天,做个美梦吧。

期待国庆第二天……

学 钓 鱼

徐培霖

星期天上午,在阿婆家闲着没事干,想去钓鱼。于是,我去找村里钓鱼最厉害的九叔叔,因为他每天下午都去钓鱼,每次回来他的鱼桶里都有几十条大小不一的鱼。今天下午我要跟着他去池塘里钓鱼。

吃过午饭,我就飞奔到九叔叔家门口等他。

九叔叔吃过饭后,我们拿好渔具和诱饵,坐着九叔叔的电动三轮车出发了。

下车后,我们拿好渔具和饵料。大概走了五分钟,到了一个鲫鱼沟的池塘,就开始钓鱼了。九叔叔从蛇皮袋里拿出了一大堆饵料,把它们放在一起,弄点水,和到一起。抓一把,按成团子形,往塘里一扔,九叔叔说:"这叫窝点,把鱼引到这里来吃食。"他帮我把杆子打开,钓线系好说:"穿蚯蚓,会吧?自己穿。"说完,就到别处去打窝了。我从盒子里拿了一条蚯蚓，把它截成两段，蚯蚓虽然身子断了，但还能在我手里活蹦乱跳，就像一条刚出生的灵敏的小蛇。我把蚯蚓穿在铁钩上，把钓竿扔向打窝底的地方，然后在板凳上坐着，拿着钓竿，等鱼上钩。功夫不负有心人，不一会儿，鱼上钩了。我使劲地把钓竿往上提，怕鱼跑了，接着，我一拉一放，把鱼拖上了岸。是一条鲫鱼，不过个头不大，我小心地把鱼钩取下来，又穿好蚯蚓，再次把钓竿扔向打窝点的地方。这一次，我等了半个多小时，都没有鱼上钩。我坐不住了，跑去看九叔叔的收获，九叔叔已经钓了三条鱼，都是鲫鱼。一下午，我总共钓了七条鱼，叔叔钓了二十五条鱼。我们就收工了，叔叔把钓的鱼全都给了我。晚上我家吃了一顿鲫鱼大餐。

尝到我自己亲手钓的鱼，那味道真是棒极了。

不一样的满分

罗慧扬

回忆过去,我就想起了抽屉里那张批着鲜红100分的试卷,此时心里不是自豪,而是羞愧。

那是三年级的一次考试,我考了100分。试卷分析后,老师要求我们把最后一题写在作业本上,我心想:"真是张飞吃豆芽——小菜一碟。"回到家,我第一时间就把试卷拿出来,一字不落地抄了下来。

第二天,老师拿着作业本气冲冲地走进教室,铁青着脸,严厉地对我们说:"昨天的作业,你们是怎么做的啊!全班只有罗慧扬一个人做对了!"我心中顿时滋生出一股浓郁的得意,感觉到无数的同学向我投来羡慕的目光。我窃喜着。

突然,老师说:"既然就罗慧扬一个人做对了,那我们就请她给我们讲一讲解题的思路。好不好?"霎时,掌声雷动。老师也向我投来鼓励的眼神。

"完了，完了……"我的心怦怦直跳。昨天，重做这一题时，我连题目都没看，哪还能讲透什么解题思路啊。我慢吞吞地站起来，支支吾吾地说着。我的脸火辣辣地烧着，看着同学们诧异的眼神，真想找个地洞钻进去……

从此，我每次回想起这件尴尬的往事，总是提醒自己，凡事都需要认真，哪怕你最得心应手的事，也可能出现差错。

我吃了过期食品

王梦圆

俗话说"民以食为天",食物对人来说是十分重要的。可是你有没有吃过过期的食品呢?我,就体验了一次吃过期食品的滋味,真是让我永生难忘啊!

早上,我从桌子上拿来了一袋"芝士面包"。这可是我的最爱,平时我可宠它了!这一袋存了好久,我一直都舍不得吃,今天就来"PK"它。

拆开袋子,一股芝士的香甜味儿钻入我的鼻子,我张开血盆大口,一口入嘴还没嚼我就把它吐了出来我喝了一大口水,苦不堪言。"这是什么怪味儿呀?难吃死了。"我大叫道。"该不会过期了吧?"一旁的姐姐顺口答道。我抓起包装袋一看,果不其然,六天的保质期已经超过四天了。我大惊失色,"完了完了,我吃了过期食品。"我嘀咕着。记得在手机上见过,吃了过期食品会腹泻、拉肚子等。我紧张了好半天，可一点事都没有，这又是怎么回事？

我赶紧去问姐姐，姐姐一脸淡定，她说："你又没吃多少，不对，吃了还吐出来了，没事，别大惊小怪。"原来是我虚张声势了啊。还好这次没事，要不然可不止虚惊一场了。

通过这次吃过期食品的经历，我再也不敢盲目地乱吃东西了。我也要提醒大家，不论买什么食物都要看保质期，如果吃坏了自己的肚子可苦了自己哟！

那次升旗仪式

王　欣

今天是国庆节。早上六点，妈妈就把我从睡梦中叫醒，我不满地揉了揉眼睛，说道："唉，今天放假也不可以让我多睡一会儿吗？咱们又没有出行计划。"可是妈妈却显得很兴奋，只听她说道："升旗仪式就要开始了，快点起来看！"

我极不情愿地起了床，被妈妈拉着坐到了电视前，妈妈告诉我，今年10月1日升旗仪式的开始时间为六点十分，直播凌晨四点就开始了，包括国旗班战士起床训练，战士们为升旗仪式进行最后的准备工作以及升旗仪式的过程。电视里，我看到数以万计的群众早已欢聚在天安门广场，大家翘首以待，等待这庄严神圣时刻的到来。当时针指向六点十分时，威武的仪仗队迈着整齐的步伐，昂首挺胸向我们走来，激昂的国歌也奏响了，鲜艳的五星红旗在国歌声中迎风冉冉升起。随着五星红旗升上旗杆顶端的那一刻，现场爆发出一片欢呼。看着这一切，我早已心潮澎湃，思绪随之飞远……

1949年10月1日，毛主席在天安门城楼上宣布中华人民共和国成立了，那一刻，全国人民一齐欢呼，我们的祖国终于站起来了！苦难的人们等待这一刻等得太久了，这一切，是多少革命先烈抛头颅洒热血换来的啊！我们今天和谐安定的生活是多么的来之不易，我们不能忘记他们。我们生活在和平年代，已不需要我们去战场浴血奋战，但是我们也同样肩负重担。祖国的未来需要我们去建设，"少年富则国富；少年强则国强"，我们是祖国的希望，作为祖国未来的栋梁，我们应该刻苦学习，立志成为建设祖国的栋梁之材，立志让祖国走在世界的前列！

今天是祖国母亲的第六十八个生日，我虽然不能去天安门广场为她庆祝，不能亲手去为她放飞祝福的白鸽，但坐在电视屏幕前的我，依然在心底千万遍地祝福着她：祝愿祖国母亲生日快乐，祝愿祖国母亲繁荣昌盛、人民幸福安康！

含笑的雪

成为像雷锋那样的人

张雁翎

"人的生命是有限的,但是,为人民服务是无限的,我要把有限的生命投入到无限的为人民服务之中去……"这是雷锋生前常说的一句话。

雷锋,他是一个只有二十二年短暂人生的年轻人,一个普通得不能再普通的中国人。可正是这个平凡的小人物,用一件件小事书写了人性的伟大!

老百姓口中一直流传着这样一句话:雷锋出差一千里,好事做了一火车。人们一直将乐于帮助别人的人称作"活雷锋"。是啊,雷锋虽然不在了,但他的乐于助人的精神永远存活着,被人们一代一代地传承下去。

在当今社会上,就有许多"活雷锋"。还记得那天是十一假期,小姑一家人来我家玩,爸爸妈妈刚好放假,于是便带我们来到石佛山玩。

早上,我们很早就起床了。这一天风和日丽,天气格外的晴朗。也许是心情好的原因,我感觉空气都是甜美的。一阵微风拂过,还微微有些凉意。大约七点半左右,我们就出发了。快十点钟时,我们到了石佛山脚下。我们先在山脚下的饭店里吃了点东西,然后就开始登山了。

虽然已经进入了秋天,但中午的温度仍旧很高。我们没爬一会儿,就已经汗流浃背了。"休息一会儿吧。"妈妈很快提议。

"好啊。"我们齐声赞同。

我们找了一片阴凉的地方,坐了下来,拿出一些水果,边吃边聊天,好不惬意。

这时,一个瘦小的身影向我们这儿慢慢移动,时不时还弯腰从地上拾起什么东西丢进塑料袋里。终于,那个身影离我们近了。我看清了,那是一位头发花白,满脸皱纹的老爷爷,他正在拾路边的垃圾。

我们以为,那只是一位靠拾破烂为生的老人。妈妈问道:"您每天都来吗?""哎,每天都来。"那位老者回答。"您每天大概要跑几次?""每天大约三四个来回,有时多点,有时少点。"

我有些奇怪了,一位拾荒的老人至于每天捡那么多次垃圾么?"那您每天大概能赚多少钱?"妈妈饶有兴致地和他聊着。

"不一定,有时多点,有时少点。不过多多少少都无所谓。我只是不希望我们的石佛山,变成垃圾堆,因此才来拾垃圾,并不是钱的问题。"说着老人从地上拾起一块吃剩的苹果核,又微微一笑,继续佝偻着腰,慢吞吞地往山下走去。我们愣住了。

我陷入了深深的自责之中,我一个小学生,却经常把老师的教导当做耳边风,嫌收集废纸太烦,随手就扔掉。一位年过六旬的老人佝偻着身子,却每天来石佛山捡垃圾!我真是……

我想不下去了,看看爸爸妈妈,他们也陷入沉思之中。终于,妈妈提出了一个建议:"我们来帮帮那位老人的忙吧。"我们大家都举双手赞成。一人拿一个塑料袋,比赛谁捡的垃圾多。

雷锋的名字是那样的响亮,雷锋的精神是那样熠熠生辉,但却并不是高不可攀。只要你有一颗乐于助人的心,你就可以成为像雷锋那样的人!

雷锋叔叔，我永远的榜样！

宗凌轩

"学习雷锋好榜样，忠于革命忠于党……"我嘴里哼着妈妈教我的歌，听着雷锋叔叔的故事，不禁感慨万千。

雷锋，这个名字很平凡，雷锋，这个名字却很响亮。虽然雷锋叔叔年仅二十二岁就牺牲了，但他的英雄事迹却名垂千古。

雷锋叔叔勤俭节约的品质，值得我学习。雷锋叔叔的一件夹衣，还是从湖南家乡带来的，又旧又破，他洗了又洗，补了又补，也不肯买新的。一双袜子烂得不能再烂了，还舍不得扔掉。再看看我自己、我身边的同学们，每天都穿着崭新的衣服，即使衣服穿不完，过年过节也仍然还买新衣服。和雷锋叔叔相比，我真是太惭愧了。我对妈妈说，以后只要我的衣服大小还合适，过年过节就不要给我买新衣服了。

雷锋叔叔的"钉子"精神，值得我学习。在学习上，雷锋叔叔的确有一股"钻"劲儿，做什么事都是挤时间钻研！雷锋叔叔酷爱学习，只要一有空就在驾驶室里看书，晚上刻苦学习到深夜，熄灯了，雷锋叔叔就跑到路灯下去看书，还天天写日记。而我呢，学习不认真，马马虎虎，能偷懒的时候就想方设法地偷懒，把学习当成一种任务，一种负担。自从了解到雷锋叔叔为工作、学习都非常认真、刻苦钻研时，我幡然醒悟，也暗下决心一定要认真学习，为祖国效力读好书，做一个有能力、出色的人！

雷锋叔叔的助人为乐精神，值得我学习。"雷锋出差一千里，好事做了一火车"。雨中送大嫂回家，为战友缝补裤子……雷锋叔叔说："自己活着，就是为了使别人过得更美好"。我要认真学习雷锋叔叔无私助人的精神，从身边小事做起，帮爸爸妈妈做家务，帮老师同学管理班级，帮他人做自己能做的事情。

"学习雷锋好榜样，忠于革命忠于党……"我要以雷锋叔叔为榜样，在学习中要有"挤"的精神，在生活中要勤俭节约，助人为乐，尽自己最大的能力帮助别人，"把有限的生命投入到无限的为人民服务中去"，这样生命才有价值和意义。

向雷锋叔叔学习！雷锋叔叔，你是我永远的榜样！

雷锋精神　处处闪光

姚宇轩

有这样一个叔叔，他普普通通，二十二岁是他永远的年龄，他做的点点滴滴，人们都铭记在心，他不是别人，正是家喻户晓的雷锋。

人们都说"雷锋出差一千里，好事做了一火车"。可不是吗？有一次，雷锋帮一位丢了车票的妇女又买了一张；又一次，雷锋帮助一位大娘找到了儿子；还有一次，雷锋主动帮助列车员……这样一名受人民爱戴的好同志却在二十二岁因公殉职，毛主席题字：向雷锋同志学习！

雷锋叔叔虽然早已离我们远去，可他的精神却熠熠生辉，深深扎根在人们心里，瞧，在我们的身边就有不少"活雷锋"。有一次，我和爸爸一起去超市，超市人山人海，结账时排起了一条长龙似的队，我蹦蹦跳跳地去买东西了，买得差不多了。咦？爸爸呢？拥挤的人群中找不着爸爸的身影，我急得都手心冒汗了，我几乎找遍了每个角落，总是不见爸爸踪影，两颗豆大的泪水滚落了下来，我无助极了，只能呆呆地望着形形色色的人们。这时，我就像在大海里找到一个救生圈，一位和蔼可亲的保洁阿姨拍拍我的肩膀，关心地问道："小朋友，你怎么了？"我上下打量着她，她的头发上带着几根银丝，有着皱纹的脸上的大眼睛已经凹陷了进去，穿着干净整洁的工作服。我有点胆怯地说："我和爸爸走散了。"保洁阿姨低头想了想，说道："那你把你爸爸的电话告诉我吧！我帮你打电话吧！"我有点儿不信任她，毕竟我们素不相识，我心想：她为什么会帮我，她有什么企图，该不会是骗子吧！但看见她那真挚的眼神，我还是将爸爸的电话号码告诉了她，电话通了，她把电话给我，我告诉了爸爸我现在在哪儿，不一会儿，爸爸赶来了，我把事情的来龙去脉告诉了爸爸，爸爸连声给这位保洁阿姨道谢，阿姨只是微笑着说："这是我应该做的！"

望着眼前这位质朴的阿姨，听着她暖意融融的话语，我也下定决心，也要像她一样，像雷锋叔叔一样，在家里做个懂事的好孩子，在学校做个好学的好学生，在社会做个有道德的好少年。

一 枚 金 币

朱琴芳

在很久很久以前,有一个美丽又富饶的国度。这个国度的国王叫所罗门,他对百姓非常仁慈宽厚,因此他深受百姓的爱戴。

在一个风和日丽的早晨,国王正和大臣谈论国家大事,突然间,一个侍卫冒冒失失地闯入了皇宫大殿,那个侍卫看上去狼狈不堪。他恐惧而又紧张地对国王说:"国王,金库中的一批特制的金币被一个奸诈的大臣独吞了。"说完,他眼里似乎喷出了火焰,面对一个尖耳猴腮的大臣吼道:"你,就是你。"那个大臣已如饺子破了皮,露了馅,两条腿直哆嗦,立刻向国王磕头求饶。国王勃然大怒,命令侍卫们把他拉出去斩了,并把他独吞的金币一个不落地带回王宫。

在半路上,一枚金币在颠簸之中掉落在了地上,那个侍卫丝毫没有察觉。金币滚呀，滚呀，滚到异国去了。由于长途跋涉，它身上沾满了泥土，完全看不出金子本来的样子了。一位商人看见了拾起了金币，仔细审视这枚金币，发现这并不是本国的钱，以为没什么用途，甩手扔掉了。一位衣衫褴褛、老眼昏花的老婆婆看了这枚金币，仔细擦了擦，心想："这枚金币应该能买几块面包吧！"他怀着愉悦的心情走向面包店，面包店的老板可精明了，他把金币似冰雹般地扔在了地上，并生气地对老婆婆说："你休想拿假币来蒙骗我，以后别让我看见你了。"老婆婆听后，一瘸一拐地伤心地走回了家。就这样，这枚特制的金币被许多人唾弃，但是它并没有抱怨，它一直在告诉自己：我是一枚货真价实的金币，总有一天，我会有用的，会被人珍惜的！

光阴似箭，日月如梭，所罗门王国早已覆灭。那枚浸染了岁月的金币安静地躺在荒无人烟的大漠里，直到有一天被一位考古学家拾了起来。考古学家深知这枚金币的价值，准备带回去放在历史博物馆里展览，金币感激涕零，可就在这时，一阵沙尘暴肆虐而来，考古学家手一抖，金币一下子被沙子埋了起来。

金币期待着，早日被人发现。

随着时间的流逝，沙砾越来越少，金币终于有机会探出了脑袋。就在一个阳光明媚的午后，金币正懒洋洋地晒着太阳睡午觉，并散发出夺目的光芒。它太过耀眼了，吸引了一位白发苍苍的老者向他走来。

"这是金币。我应该把它带回我的祖国，它应该被送进国家历史博物馆。"老先生说到做到。每当博物馆开放日的时候，这里总是人山人海。金币感叹道："天生我材必有用，是金子总会发光的！"

老树生病了

吕 威

在一个炎热的夏天,森林里的一棵老树生病了。

旁边的小树问道:"爷爷,你怎么了呀?"那棵老树叹了一口气,说:"孩子,你有所不知啊!我原本是一棵枝繁叶茂的大树,有许多鸟儿在树上筑巢,可现在有几只可恶的害虫在我的肚子里安家,搞得我树叶发黄,树皮脱落,好痛啊!"小树听了,着急地说:"爷爷,您挺住!我就叫小松鼠帮您把啄木鸟医生请到!"结果,小树发现小松鼠不在树洞里,此时,小树才想起小松鼠出去旅行去了,这下小树急坏了,都快哭了,这可怎么办呢?这时,一只燕尾蝶恰巧飞过,他看见小树一脸愁容,关切地问:"小树你怎么了?"小树着急地说:"树爷爷生病了,小松鼠不在家,我又不能走路,我没有办法请啄木鸟医生来为爷爷看病啊!"燕尾蝶说:"放心吧,我去帮你把啄木鸟医生请来。"

　　燕尾蝶为了帮小树找到啄木鸟医生，经历了千辛万苦。他飞过了五座小山，还险些被蜘蛛吃掉。当他疲惫地停在啄木鸟面前，告诉了老树爷爷的情况。啄木鸟听后说："燕尾蝶，你真是一个乖孩子。爬到我背上，我们回森林吧！"燕尾蝶高兴地说："好的，谢谢啄木鸟医生！"说完燕尾蝶飞到啄木鸟的背上，他们飞回森林了。

　　他们飞回森林，到老树爷爷住的地方，啄木鸟问："老树爷爷，您哪里疼呀？"老树爷爷说："我肚子这边疼，您医术高明，就帮我治治吧！""好的。"啄木鸟说。

　　啄木鸟用它尖利的爪子牢牢地抓住老树爷爷，又用它的钩子嘴一下一下啄着树干，有许多害虫爬出来。啄木鸟又把它们一只一只地吃进肚子里，这样既填饱了肚子，又治好了老树爷爷的病。

　　时间过得飞快，转眼一年又过去了，老树爷爷的身体彻底恢复了。你瞧，老树爷爷枝繁叶茂，与以前比起来，年轻多了呢！

小兔过寒假

王俊兰

森林小学三年级（2）班的班主任宣布："这学期学习到此结束，寒假正式开始。"话音刚落，教室里立刻炸开了锅，同学们叽叽喳喳吵个不休，七嘴八舌地谈论着假期要到哪里去玩。小猪、小象和小猴整理完书包，就开开心心地离开了教室，不一会儿，教室里的人走得差不多了，只有小兔一个人皱着眉，低着头，慢吞吞地离开了教室。

第二天清晨，兔妈妈用她那震耳欲聋的声音叫道："快起床去写作业，下午还要弹琴。"小兔无精打采地说："知道了。"大约写了两个小时，兔妈妈问："作业写了多少？"小兔说："写了一半了。"兔妈妈说："好吧，就写到这里吧！吃完中饭，我还要送你去学琴。"小兔无奈地小声回答："我知道了。"

吃过午饭后,兔妈妈就骑着自行车送小兔到狐狸阿姨家去学琴。到了狐狸阿姨家,妈妈对小兔说:"好好练琴,这可是妈妈从小的一个梦想,可是那时候没有像你这么好的条件,你一定要给妈妈争气啊!"小兔没说话,只是轻轻地点点头。音符从指尖流过,就像缓缓流淌的河水,可是,小兔的心里却一点儿也不高兴。窗外不时有小朋友们的笑声飘进小兔的耳朵里,小兔羡慕极了。过了许久,兔妈妈终于来接小兔回家吃晚饭了。

刚吃完晚饭,兔妈妈又说:"该到隔壁马伯伯家里学画画了。"小兔无话可说,无奈地跟着妈妈到马伯伯家里去学画画了。一个小时总算过去了,小兔回到了家里,兔妈妈又说:"现在森林里竞争太激烈了,你一定要多学点东西啊!你再去写点作业吧!"小兔只好愁眉苦脸地回到了房间里去写作业了。

有一天,小兔突然生病了,住到了森林医院里。兔妈妈昼夜不安地守护在小兔的身边,小兔感觉温暖极了。于是,小兔对妈妈说:"生病真好呀!生病不用写作业,不用弹琴,不用画画,生病还有妈妈陪在身边。"听完小兔的话,兔妈妈沉默不语,似乎在思索着什么……

变色国的故事

蒋梦婷

一个阳光明媚的日子,皮皮正在读一本书,书名叫变色国。皮皮是只可爱、调皮、善良的小猴子。

书上写着,从前有一个很小很小的国家……皮皮看着看着看入了神。一刹那就到了变色国。可是皮皮并不知道这是变色国,于是它就走上前去问一位老伯伯,说:"老伯伯请问这是哪儿?"老伯伯答道:"这是变色国,我们这呀!每天都按照自己的心情来使头发变色呢!红色代表愤怒,蓝色代表帅气,粉色代表美丽、优雅……"

皮皮后来明白了,原来自己进入了书中。皮皮看到了书中的场景。但是,遇见麻烦事儿,皮皮根本记不清书中的故事情节了。突然,皮皮看见一张告示,上面写着:国王最近不高兴,谁若能讨好国王,将奖励长生不老药丸一颗。皮皮知道了这么好的事情,立刻去了国王那儿。

皮皮去了国王那儿，想尽了办法，有的扮鬼脸，有的扮小丑……可都没讨好国王。于是皮皮最后想到了一个绝妙的办法，那就是魔术。皮皮立刻变了一个精彩的魔术。国王真的被逗开心了，所以，皮皮得到了一颗长生不老药丸。后来，皮皮发现一条隧道，皮皮穿过隧道，来到了森林里玩耍，遇到了木狼，皮皮好不容易把木狼打散架，但是，木狼又重新站了起来，皮皮只好躲进隧道里。

"皮皮！皮皮！起床了！一会儿上学就迟到了！"皮皮醒了过来，明白了，哦！原来这是一场梦啊！

写给老师的一封信

胡 可

敬爱的童老师：

您好！

好久不见了，您还好吗？我想您了！

您因为工作调动，这学期已离开了学校，不再带领我们在学海中遨游。这对我们来说是沉重的，过去那五年，您给予了我们太多太多，我们是多么不舍得您离开啊！回忆往昔，点点滴滴都不禁涌上了心头。

童老师，您还记得那个严冬的早晨吗？

那个早晨，由于前一夜的大雪，整个世界都是银装素裹的，煞是好看。粉妆玉砌的世界虽美，但问题也随之而来，雪后结冰，路上湿滑不已。可是对于还在读二年级的我来说，却是一件极其有趣的事，我终于可以滑冰啦！于是，我在教学楼前独自玩了起来。

"哎呀！"一不留神，我一脚踩在一块冰上摔倒了，厚厚的棉裤也破了，血顺着膝盖流了出来，因为腿上那钻心的痛，所以我起不来。周围的人多了起来，可是我来得太早，认识的人也没有几个，没人扶我起来。

这时，童老师您却来了，我很诧异：这么冷的天童老师为什么来这么早？老师家不是在郎溪吗？

您将我扶进教室，并从包里拿出红药水来，边帮我处理伤口，边帮我解除那一连串的疑问，您说："我就知道你们会去玩雪，肯定会摔倒，所以我特意早早地来到学校，还带了红药水呢！"

虽然，此时此刻我还赤着半腿，腿上还伴随着余痛，但您那几句话，使我的心顿时热起来！

童老师，我没有多么华丽的词藻来形容你，我觉得将您比作蜡烛太庸俗；比作园丁又太千篇一律。因为，人间的百合洒下奇香，馥郁的玫瑰蕴含着残香，扑火的飞蛾留下点点火星。而您，已和它们一样伟大！

时间可以将一切埋葬，但是，时间永远都埋葬不了我们的感情！

童老师，我知道您以后还会有更多的学生，而我也会接触到更多的老师，但不管时间怎么流逝，世事怎样变化，我永远都不会忘记您！因为您让我明白了很多，学会了很多，感动过很多。我想大声地说一句："童老师，谢谢您！"

祝:

天天开心,身体健康!

想您的学生:胡可

2016年11月11日

爸爸，谢谢您

佘啟萍

亲爱的爸爸：

您好！

是您赐予了我生命，让我能来到这个五彩缤纷的世界。而我对您是那样的熟悉，又是那样的陌生，陌生得让我全然不理解您那颗炽热的心。我常听人说，父母对儿女们的感情是百分之百的，而儿女们对父母的感情却总要打些折扣。那时，我还不理解这话。但那件事，让我明白了这话中的含义。

从我记事起，您整天忙于工作，很少抽出时间来陪我，一直是妈妈在身边照顾我。我们父女之间的关系也越来越冷淡，而我又是多么渴望得到您的爱。对别人来说，在自己的爸爸面前撒娇是那么容易，但对我来说这是一个梦，一个遥不可及的梦。

那一次，妈妈出去了。我和您两个人在家，谁也不先开口说话。家里仿佛死一般寂静，我说道："爸，我饿了。"过了许久，您才答道："走，我带你去吃饭。"

这天气真是孙猴子的脸——说变就变。出门时还是阳光灿烂，没过多久，天空便布满乌云，狂风大作，大雨倾盆而下。您将我拉进您的怀中，用衣服盖住我的上半身，而您却早已被雨淋湿。虽然您嘴巴一直打着哆嗦，但脸上却仍然呈现出严肃、不可侵犯的样子。这时，我多么想来替您承担一些。雨仍然放肆地下着，雷电也来捣乱。我害怕极了，将您抱得更紧了。我觉得这是您的怀抱是那么的温暖，能在您的怀抱里，是那么的幸福……我在心中祈祷：时光啊，求求你流逝得慢一些吧。允许我再一次贪婪地细细品味这浓浓的爱吧！

这一路，有爸爸您的陪伴，路不再是漫长而寂寞的了。

也在这一天，我才发现：爸爸您的腰弯了，您把挺直的脊梁给了我；爸爸您的眼睛花了，您把明亮的眼眸给了我；爸爸您的皱纹深了，您把美好的青春给了我。

爸爸您的……

原来您对我的爱，一直都在，只是羞于表达，却巍峨持重。难怪有人说父爱如山！

谢谢您！爸爸，您让我明白了人世间的爱；谢谢您！爸爸，您让我的生活更精彩；谢谢您！爸爸，您让我知道了人世间的真谛……羊有跪乳之恩，鸦有反哺之义。原谅此时的我，还无法报答您的恩情，我只能用最真挚的话语告诉您："爸爸，谢谢您，我爱您！"

　　祝：
　　身体健康，万事如意！

您的女儿：佘啟萍
2016年11月11日

妈妈，谢谢您

肖婷娜

亲爱的妈妈：

您好！

一直以来，我都有许多话想对您说，但平时看起来外向活泼、敢哭敢闹的我，却不知如何对您开口，讲讲我内心深处的秘密。今天，我就用写信的方式，和您说说心里话吧！

我知道，我有时真的很任性，伤了您的心，对不起。还记得那个秋季，我因为粗心而考试失利，心里十分难过，更觉得对不起您平时对我的悉心教育。所以那天我回家以后，根本无法面对您。在我看来，那更像一把撒在我伤口上的盐。我还错上加错地摔坏了你提前送给我的生日礼物，之后重重地摔门而去。

我独自蹲在寒冷孤寂的小巷上，天上碎星如银。路灯瞪着好奇的眼睛，猜测着我的心事，寂寞在我的心头蔓延。深秋的夜晚，真的好冷。我好想回家，其实刚刚摔门而出的那一刻，我便后悔了。但此刻，我为自己刚才所做的一切感到深深的自责，更觉得没脸回家。"回家吧，婷娜。"您在叫我的名字。灯光把您的身影写成了瘦瘦的感叹号。我奔向您，泪流满面，我那么过分，您却能原谅我，妈妈，谢谢您！

　　妈妈，您不仅包容了我的任性，更在不知不觉中，对我言传身教，帮助我养成了良好的习惯，您是我学习的楷模。那次，您下班回来，因为有事没来得及做饭。放学回来，我一跨进门槛，您就对我说："走，婷娜，妈妈今天没有做饭，带你出去吃。"我一听，特别高兴，心想：今天要吃点好吃的。到了市场，各种诱人的美食闻得我直流口水。我要了一个香喷喷的沙锅，津津有味地吃着。而您呢，却只要了一碗稀饭和一个烧饼。我看了后，觉得很纳闷：既然出来吃，妈妈为什么不吃点好的呢？我带着疑问吃完了这顿饭。走在回家的路上，我想起刚才那件事，就问："妈妈，为什么您刚才吃那么便宜的饭呢？"您笑着说："孩子，妈妈现在省点钱，将来才能攒够钱供你上大学啊！"我听后，看着妈妈那对我充满希望的眼神，心里像打翻了五味瓶似的，很不是滋味。

　　从那以后，我一想要花钱买零食吃，就会想起您舍不得花一分钱的样子和充满期盼的眼神，也就能管住自己了。是您教会了我节约,妈妈,谢谢您!

　　感谢您多年的爱护与陪伴。您总在我失败时,教我坚强;在我难过时,给我鼓励;在我生病时,给我关怀,还有无数我不知道的时候,您在为我担心。这些我都会放在心里。我一直在您用慈爱构成的胳臂里快乐成长,我是多么幸福啊!

　　妈妈,我的生活,因为有您,才真正完整、完美、充实!我不知道我还能用什么言辞来感激您、赞美您,就让我最后深情地说一句:"妈妈,谢谢您!我爱您!"

　　祝:

　　身体健康,工作顺利!

爱您的女儿:肖婷娜

2016年11月11日

一本好书，一个益友

杨欣雨

我爱书，如同爱我的生命，在我学习道路上，我一直在书海中航行。读书真好！美丽的神话、浩瀚的宇宙、神奇的大自然，任我在知识的海洋里遨游！读书真好！清晰的思路、精彩的发言、激情的演讲，让我尽情地享受读书带给我的快乐！

我爱读书。《雷锋日记》，使我明白螺丝钉虽小，但力量是不可忽视的，那乐于奉献的一生才是最美丽的；《老人与海》，不屈服于风暴，勇于抗击的老者让我肃然起敬，从而明白了人的潜能是无限的，人定胜天；《听见颜色的女孩儿》，脑瘫的女孩用自己的方式，表达自己内心的想法，使我铭记，遇到磨难需要面对困难的勇气和不屈不挠的奋斗精神，要脱掉"温室花朵"的外衣……一本本的书，让我目睹了黄河的九曲喷薄，见证了长城的雄伟逶迤，领略了金字塔的庄严神秘……我居高临下，历史长河里的点点滴滴尽收眼底，人类社会的每一寸足迹一览无余！

　　读一本好书，就像交到一个知心朋友，它会给你带来温暖，给你安慰和鼓励；读一本好书，就像严冬里遇到了炭火，它会以无私的自信，让你燃起澎湃的激情；读一本好书，就像酷热的夏天遇到了浓荫，在你孤芳自赏时，给你浮躁的心灵泛起清爽的凉风；读一本好书，就像迷途的船只遇到了航标灯，在你迷茫的时候，给你照亮前方的道路。与书交朋友，它会让我心灵更高尚。沐浴书的灵光，心灵得到寄托的同时，也让我得到了希望……

　　回望巍巍中华五千年，有多少文人政客对书籍情有独钟，对于读书，他们又有多么热烈的情怀：还记得那一声"为中华崛起而读书"吗？这一声呼喊留给后代几多震撼，几多警觉？！还记得"眼前直下三千字，胸前全无一点尘"的诗句吗？是呀，书是人性的净化器，给人心灵荡涤，使人大彻大悟。

　　试想，如果没有书，人类将在刀耕火种的原始社会里止步；如果没有书，人类将永远蒙昧无知；如果没有书，我们将无从谈生活，无从谈价值，无从谈发展！亲爱的朋友们，让我们手捧书，抛开喧嚣和浮躁，享受心的宁静。让我们以书为友，以书为鉴，让一缕缕书香伴你我同行吧！

读《城南旧事》有感

邢若绚

一滴清水，可以浇灌出美丽的花朵；一本好书，可以净化一个人的心灵。在我内心深处，曾经有这样一本书，它像一滴清水浇灌了我心中的花朵，让我来介绍介绍这本书吧——《城南旧事》。

这本书的作者是林海音，具体描写了20世纪20年代，北京城南的一座四合院里，住着英子和睦的一家。详细地写出了英子的生活和成长。随着这个故事，我好像也融入了英子的生活中。那惠安馆里的疯女人秀贞，蹲在草丛里的小偷，很漂亮并且爱笑的兰姨娘，井边的黄辫子小姑娘妞儿，爸爸的好友德叔，东阳下的骆驼队，以及相伴的宋妈都让我久久难忘。当读到英子和惠安馆的疯女人玩时，我真担心秀贞会不会做出伤害英子的事；当看到英子知道自己的好伙伴妞儿就是秀贞的女儿时，英子不仅仅帮助他们母女重逢，还将自己的生日礼物——钻石表和妈妈的金手镯送给他们当作盘缠去寻找思康叔(秀贞的亲人)，此刻，我不禁为英子感到骄傲，一个六岁的孩子竟懂得友谊，懂得爱，这大概是一种来自生活的力量鼓舞着她在成长吧！读着读着，我的心时而紧张，时而轻松。我觉得很奇怪：难道英子不害怕秀贞吗？看到最后，我才明白：她的童年之所以精彩，是因为她有一颗纯洁美好的心灵，正是她有了这一颗心，她的童年才幸福！

打开《城南旧事》，我走进书中的童年；合上书本，我便情不自禁地走进自己的童年……童年的我，无忧无虑，衣来伸手，饭来张口，爸爸妈妈给我安排好每一天的生活，想要什么就有什么，可我却总是抱怨他们太啰嗦；和小伙伴玩耍时，我总想着为什么他们不听我的，不让着我，太没意思；和阿姨家的弟弟妹妹在一起时，妈妈叫我让着他们，可我总是大叫着："凭什么？"太气人了。读了这本书，我明白了：原来是我缺少了一颗爱心，凡事总想着自己的人，怎么会得到真正的快乐？我决定要向英子学习，多去关心身边每一个人，让我的童年也变得丰富多彩！

这本神奇的书，像一位绘画大师缔造出了真实的人性世界：善、恶、冷、暖。为我展现出了一出精彩绝伦的演出，净化了我的心灵。我合上这本书的时候，房间里飘着一股淡淡的幽香，久久无法散去……

读《雷锋故事》有感

王守慧

是谁送走了冬日最后一丝寒冷？是谁迎来了璀璨绚丽的大地春光？雷锋，雷锋，是这个闪光的名字，是这股永不老去的精神力量！从小，我就在雷锋故事中长大。我觉得雷锋精神就像一盏明灯，照亮着我们人生之路；雷锋精神是一双大手，能推开封锁在心里的窗；雷锋精神是一片天空，孕育着无数纯洁的心灵。

学雷锋，说起来简单，做起来却不是那么容易，这需要用心去体会，去做。有一次，我在学校的跑道边看到了一张废纸，心想：这废纸既不是我扔的，也不是在我们班上，就没有理会它。没想到，不一会儿，来了一个一年级的小朋友，她看了看我，什么都没说，弯腰捡起了那张废纸，扔进了垃圾桶。当时，我就羞得满脸通红，无地自容。一个那么小的孩子都这么懂得有道德，那我们又怎能不学雷锋，讲道德呢？

学雷锋是需要毅力的，绝对不是一日之功。我觉得我们必须从小事做起。比如说，在家里我们给劳累了一天的爸爸和妈妈端上一杯热茶，在学校里我们帮助同学解决一道难题，在公交车上我们主动为年迈的老人让个座，在上学路上我们扶正一颗被风吹歪了的小树，在广场上我们弯腰捡起一片废纸屑等等。我相信，只要我们能够从这些小事做起，那么我们每做一件事情，我们的道德水平就会得到一次升华。

　　学雷锋更多时候只是做出一个小小的举动，就已经帮助了别人。记得有一次，我坐中巴车时，看见了一位拄着拐杖，走路都跌跌撞撞的老奶奶上了车，但车子的晃动使她差点摔跤。我目睹了那一刻，心中不由得有了一个想法：我要给她让座吗？让了，别人会说我爱抢风头吗？要是不让，别人又会说我不尊老爱幼吗？那时，我的心中仿佛有一个小天使和小恶魔在激烈地争吵："你让吧，没人会说你的。""别让，傻瓜，别人肯定会说你的。""让！""不让！""让！""不让！""让！"……我被这矛盾的心理给难住了，到底让不让呢？我思考再三，踌躇地选择了"让"。没想到老奶奶竟连声感谢我，乘坐的客人也都大声表扬我。我明白了，学雷锋，做一个道德高尚的人并不难。

　　阳春三月，柔柔的阳光照耀着我们，为人民服务的雷锋精神激励着我们。愿我们用雷锋精神迎来万紫千红的春天，让我们做一个有道德的人！

读《听见颜色的女孩儿》有感

杨杏宇

语文课本上有过这样一句名言:"书犹药也,善读之可以医愚"。说得多精辟啊,初读好书,如获良友;重读好书,如逢故知。和一本好书交朋友,既可以明白人生哲理,又可以认识到自身的不足,助人长进,受益匪浅。

《听见颜色的女孩儿》,一看书名我就不由自主地产生了一读究竟的愿望——"颜色"都是用来看的,怎么能听呢?带着这个疑问,我迫不及待地看起书来。

原来女孩儿美乐迪从小就不幸患上了脑瘫的疾病,她被永远禁锢在轮椅上,被迫过着"饭来张口,衣来伸手"的生活——吃饭要家人来喂,穿衣要家人来帮忙,最悲惨的是她一句话也说不出来,内心的激动、快乐、悲伤、愤怒都只能压在心底,无法与人分享,不能找人倾诉,"有嘴说不出",这对一个心思细腻的女孩儿来说,是多么的残忍!

　　V阿姨是美乐迪的邻居,心地善良,她经常帮助照顾美乐迪,用特殊的方法教她"识字", 她的聪明才智被V阿姨用一种特别的方式激发出来了,慢慢地美乐迪能用简单的字词组成句子,一天天地过去,她终于能用自己的方式,表达自己内心的想法,她变得越来越聪明。她拥有了一台"心声"电脑,在这个"朋友"的帮助下,她能表达出自己的喜怒哀乐,终于能和外界沟通了,这是多么令人兴奋的一个突破啊!后来美乐迪参加了"天才小子"的选拔,以满分的好成绩脱颖而出。

　　从美乐笛身上,我能联想到美国著名作家海伦·凯勒。她也是一个受命运折磨的残疾盲哑人,但她不抱怨命运,不怨天尤人,不向命运低头,夜以继日地刻苦练习写字、说话,最终学会盲文,能通过阅读感受这个美丽的世界并且用文字记录"看"到的一切及自己的感受,还能和人交流,后来凭着优异的成绩读了大学,成为智障教育专家、著名的作家。除了海伦凯勒,还有物理学家霍金,他也是生活的强者,美乐笛最钦佩这位"宇宙之王",并以他为榜样,顽强地向命运挑战,坚强地活下去。

　　从美乐笛身上,我还看到了自己的不足。美乐迪每做一件事都要付出比常人多十倍甚至上百倍的精力,但她仍坚持自己的目标,从来都不放弃,从来都不气馁。想想我自己,拥有健康的身体、疼爱我的亲人、一起玩乐的朋友、可以做自己想做的事、无忧无虑。可就这样我老是抱怨自己上学的辛苦劳累,作业的繁多,生活的无趣,遇到一点小困难就怨天尤人,退缩不前,我真应该好好向美乐迪学习,做一个独立、坚强的孩子。

人不可能一辈子总是一帆风顺、无忧无虑而不遇到任何困难的,在遇到磨难的时候,我们需要有面对困难的勇气和不屈不挠的奋斗精神,我们一定要脱掉"温室花朵"的外衣,不断磨练自己,增强自己的能力,这样才能在人生道路上奏出美妙的乐章,将来成为有出息、有用的人才。

含 笑 的 雪

汪菲玲

当大雁刚刚飞往了南方,当树叶还没来得及换好自己红色的盛装,2016年的第一场雪,竟然就这么悄无声息地来到了我们的身旁。

今年的第一场雪,似乎比往年来得更早一些。那天,我们刚刚迎来了二十四节气中的"小雪",这场雪就像个调皮的孩子,欢笑着向我们跑来了。

下午,我们正在教室里上课,不知哪位眼尖的同学大叫了一声:"哇,下雪啦!"顿时,教室里所有的目光都投向了窗外,只见雪花轻轻地飞舞着,然后飘飘洒洒地落在了地上。虽算不上是大雪,却也足够让我们这群孩子们兴奋上半天了。下课铃一响,同学们不约而同地朝门外涌去,任雪花落在我们的脸上、身上。上课铃响了半天,我们似乎都没听见。老师生气地把我赶回了教室,我们只好垂头丧气地与这些小精灵们暂时告别了。

　　让人欣喜的是，到了晚上，雪下大了。我激动地打开窗户，只见漫天的白雪纷飞着，在小区路灯的照耀下，闪亮闪亮的。雪，这个天地之间的小精灵，一会儿调皮地躺在屋顶上，一会儿钻进低矮的草丛里，一会儿又去亲吻那枯黄的树叶；雪，又像是一位优雅的舞者，尽情地在天空这个大舞台，跳起了优美的华尔兹。没过多久，地面上就隐约可见一层薄薄的白雪。我按捺不住心中的喜悦，飞快地跑下楼，想给雪花一个大大的拥抱！

　　这场雪下得更久一些，更大一些吧……

海南的美

肖宇旸

暑假里,我和妈妈去了海南,那是个海鸥群飞,椰子树遍地可见的好地方。

海南最美的肯定要属风景。美丽的海鸥在海面上跳着优美的华尔兹,阳光照在蓝色的海面金光闪闪。海滩上的贝壳正在享受着阳光浴,一切是那么的和谐。一抬头,天是那么的湛蓝,云是那样的洁白。海边的椰子树随风舞动,到处是美不胜收的风景。

海南不仅风景美,而且食物也不错呦!

饭桌上,一盘盘的美味佳肴等着我们开吃,光闻着香味我就已经垂涎三尺了,有中指一样长的大虾,有鲜美的扇贝,有可口的海参,还有椰子拌饭,还有许多我叫不上名字的海鲜。最好吃的肯定要属鲍鱼了,一个洁白的贝壳装着一块小肉,撒着花花绿绿的调料,看起来多么漂亮,吃起来更是回味十足,让人印象深刻。

　　海南的海岛风情也很美。人们穿着花花绿绿,绣着大海、椰子树等海南景物的衣服。头上戴着贝壳发卡,手上戴着贝壳手串,就连脚上也穿着带贝壳的鞋子,人们似乎和贝壳有着深厚的感情。他们说着海南话,吃着海南的榴莲,穿着海南岛服,跳着海南的舞蹈。他们深爱着他们的家乡、文化以及特产,这何尝不是另一种美呢?

　　海南,你可真美!

看 灯 会

刘文洁

今天是元宵节，元宵节自然少不了吃元宵、赏花灯。于是，我们一家人吃了晚饭，就去公园看灯会了。

夜幕缓缓降临，刚下车，就看到整个公园已经成了灯的世界、光的海洋。我迫不及待地跑进公园的大门，眼球立刻被各式各样的花灯吸引了，花灯造型各异、五光十色，整个公园呈现出一幅流光溢彩的景象。首先映入眼帘的就是以"金鸡报晓"为主题的花灯了，几只大公鸡做得惟妙惟肖，眼睛炯炯有神，神气极了！接下来的几组花灯，向人们展示的是中华传统节日及习俗。有端午赛龙舟、中秋赏月、重阳登高……每个场景都栩栩如生，让人身临其境、流连忘返。

继续往前走，名为"老街印象"的一条花灯长廊呈现在我们眼前，这条长廊还原了当年溧阳老街的繁华场景，道路两旁商铺如林，有老字号店铺、有卖糖葫芦的小贩，还有做刀削面的厨师……让人叹为观止！

精美的花灯还有很多，有"国色天香"的牡丹、火红的玫瑰花海，还有别致的水上花灯……我想，古诗中的"火树银花合，星桥铁锁开"，描写的大致就是这般景色吧。如果你也对这些花灯有兴趣的话，不妨明年也亲自去领略一下花灯的风采吧！

你好，校园的早晨

潘晓涵

校园的早晨是恬静的，一条黑色长道将校园一分为二。一棵棵高大的常青树犹如卫兵一般肃立在道路的两旁，绿色的叶子迎风飘扬，在清晨阳光的照耀下显得格外生机勃勃。许多株小花和小草在早晨的微风中苏醒，叶子上的露珠晶莹剔透。这一切都在预示着新的一天即将来临。

校园的早晨是紧张的，许多没带作业的学生，慌慌张张地快跑进门卫室打电话，之后在校门口焦急地等待父母的到来；而许多家长正以离弦之箭的速度向校门口赶来，生怕自己的孩子迟到；许多学生正在校门口狼吞虎咽地吃早餐，害怕上课铃声响起。

校园的早晨是热闹的，值周的学生微笑地在站着大门外，而门外卖零食的小贩正在热火朝天叫卖着东西，美滋滋地数着手中的钱；负责校园卫生的同学正在抓紧时间洒水扫地。

　　校园的早晨每天都有不同，只要用心观察，你每天都会看见不一样的校园，而不管校园是什么样，它都是我最爱的。

您是我的天使

吴 凡

敬爱的天使：

您好！

虽然我不知道您的名字，但我的心里却满是您的身影，在曾经无数艰难的日子里，您一直是我的守护天使。

您是灯，帮我驱散寂寥，点亮期盼；您是茶，帮我过滤浮躁，储存宁静；您是水，帮我滋润一时，保鲜一世；您也是糖，帮我冲淡苦涩，结满甜蜜。

您在望闻问切术的五线谱上拉响新时代真善美和挚情关爱的交响心曲。您会尽自己的力量，治疗需要帮助的人，让您身边的人，每天都活得健康快乐。

您白色的身影，会出现在那坍塌的废墟里，去寻找那一个个顽强的生命，为他们的不幸落泪，也为他们的坚强而欢欣鼓舞。

您白色的身影,会出现在那硝烟弥漫的战地前沿,为了一个个倒下的生命。尽管这是一个与死神擦肩而过的职业,您也会在不可预测的枪击中失去生命。

您白色的身影,会出现在那弥漫着浓郁药味的病房里,为了面前的病人,那些在病房外焦急等待的家属。您倾尽了一生的精力,让病人脱离死神的威胁,重获新生。

如果有一天,我的航船迷失在风雨中,我知道您一定会出现,为我疗伤止痛;您会撑住我倾斜生活的船舷,奋勇向前。

您白色的身影会伴我一生,谢谢您!尽管,我不知道您的名字,但我知道您是我的守护天使!

祝:工作顺利,万事如意!

您的病人:吴凡

2017年6月9日

给祖国母亲的一封信

周志康

亲爱的祖国母亲：

您好！

在世界的东方，有一块神圣的土地，对！那就是您——我们的祖国，伟大的母亲。

祖国，我们伟大的母亲，我要感谢你培育出众多的英雄豪杰，精忠报国的岳飞，"鞠躬尽瘁，死而后已"的周恩来。

站在祖国的地图前，看着这只威武的"大公鸡"，我心潮澎湃——这不仅是中华人民共和国的地图，更是中华儿女的家。

在这片神圣的土地上，不仅有着您的美丽，也有着您的富饶。

仔细观察您的缩影，仿佛看到了桂林的山清水秀，看到了呼伦贝尔大草原的宽阔无垠，还看到了杭州西湖的水平如镜……您的美丽让中华儿女感到十分骄傲！也让全世界人民感到羡慕！

在这片神圣的土地上，有着丰富的物产：内蒙古的牛羊马匹，新疆吐鲁番地区的新鲜葡萄，东北的玉米和高粱，海南地区的美味海鲜……是祖国您用这些物产哺育了我们。

您的美丽与富饶让我们感到无比的骄傲和自豪！我一定努力学习，掌握本领，长大后，把您建设的更加繁荣昌盛！

祝您永远美丽富强！

此致

敬礼

周志康

2017年9月11日

写给水的一封信

王 艳

亲爱的水资源：

你好！

我是一名普通的小学生。我之所以会写信给你，是因为我珍惜你，并决心保护你！

水，我热爱你！你对我们的生命起着重要的作用，你是生命的源泉，是人类赖以生存和发展的不可缺少的重要的资源之一。我们的生命一刻也离不开你，你是人类生命最重要的东西。

水，我珍惜你！地球表面的72%被你覆盖，但淡水资源只占所有水资源的0.75%，近70%的淡水固定在南极和格陵兰岛的冰层下，其余多为土壤水分或深层地下水，不能被人类利用。地球上只有不到1%的淡水或0.007%的水可为人类直接利用，当看到这些数字的时候，我认为我们人类更应该好好珍惜你了!

　　唉!人类无情地破坏你,必然会受到教训和惩罚:据水利部统计,2003年全国废弃水排放总量是640亿吨。其中海河、辽河、黄河、淮河污染最为严重,地下水水质有恶化趋势。而全国农村中约有6300多万人饮用高氟水,200万人饮用高砷水,3800多万人饮用苦咸水,1.9亿人的饮用水有害物质含量超标。

　　水,你不要伤心,现在人类正在从教训和惩罚中觉醒,保护水资源,不浪费水,成为所有人共同的心声。人类现在正在采取措施,控制工业排放废水,严禁向河里、湖里倒垃圾,合理安排农业用水,降低工业用水量,提高水的重复利用率。大街上,到处可见节约用水的大标语:"别让世界上的最后一滴水成为人类的眼泪""惜水、爱水、节水,从我做起"……告诉你,现在人类把每一年的3月22日定成"世界节水日",这一天,我一定会认认真真地与小伙伴们一起参加保护水资源的活动。

　　水,你放心吧!虽然我人小,但志不小,我一定会好好保护、爱护你的!

王艳
2017年5月20日

妈妈，我想跟你说

盛驰远

亲爱的妈妈：

您好！

儿子心里有许多想说的话，今天想跟你一吐为快。

妈妈，从小到大您一直呵护着我。在我成长的过程中，您无微不至地关心我。早晨，每当我醒来时，就能闻到香喷喷的菜香味，看见一碗金黄饱满的蛋炒饭。我知道，那是您给我的早餐。傍晚，我一推开门就看见了桌子上您为我准备的水果，我知道这是您怕我回来口渴了。

在学习上，您也很关注我，为了让我学习成绩不断提高，您放弃了自己宝贵的时间来帮助我补习功课。为了让我多学一些知识，不管天气多么寒冷，风雨无阻的送我去学英语。我想，在我每一次获得殊荣的时候都有您的功劳！妈妈，您为我付出了太多，我一辈子都报答不了您的养育之恩。

  妈妈,我知道,您爱我爱得有多深,可是您知道吗?有时候,对我的爱会变成压力,让我喘不过气来。记得有一次,单元测试后的一个晚上,作业很少。我在学校已经都做完了,放学回家以后我就很自然地打开电视想放松放松一下。谁知道妈妈看见了,二话没说就过去把电视关掉了,拿出一张试卷给我做。尽管我心里很不乐意,还是无可奈何地走进书房。

  妈妈,我真想对您说,我理解您望子成龙的心情,可我同样需要你的理解,我也需要寓教于乐。我希望你能给我一点自己独立的空间,让我在轻松快乐的环境下成长!

  祝您永远年轻漂亮!

您的儿子:盛驰远
2017年5月3日

说说压岁钱

涂锦成

大年三十晚上,一家人吃年夜饭时可高兴了。爷爷见了这场面,乐呵呵地笑了,从口袋里掏出了两个大红包,说:"发压岁钱了。"我听了,立刻对爷爷说了祝福语,拿到了一个大红包。大伯和二伯每人又给了我一个红包。

吃完年夜饭,在回家的路上。妈妈迫不及待地对我说:"包了多少钱?快上交!"说完把手伸了过来。我听了,傻了眼,说:"这是长辈包给我的钱,为什么给你?"

妈妈听了,和蔼地说:"以前每年你的压岁钱都是我拿着,为什么今年不给我,你又要乱花是不是?""以前我小不懂事,今年我的压岁钱我要自己处理。"我火冒三丈地说。"给不给我?"妈妈慈祥的脸变得严厉起来。"不给!"我坚定地说。晚上,我睡觉时,看见妈妈房间的灯还亮着。

　　第二天，妈妈对我说声对不起，我却摸不着头脑。原来昨晚，妈妈和爸爸一直在讨论压岁钱该给谁。妈妈的意见是压岁钱应该大人拿着，因为孩子小，不懂事乱买东西，有时还会把钱弄丢。爸爸却认为不能强制孩子把钱给父母，应该和孩子商量怎样用，多听听孩子意见。再说了孩子的压岁钱应当是孩子的，大人只是替他保管……

　　最后，我和妈妈商量：压岁钱一部分以我的名义存入银行，一部分我买学习用品由我自己支配。

小小足球赛

刘宗煦

我是不折不扣的足球小子。我的足球基本功还是不错的,我是我们校队的主力前锋。

就在昨天,我们校队内部踢了一场比赛。虽然不是正规比赛,但我还是有一点儿小紧张。因为在上一场训练赛上我状态不佳,屡失良机,被教练批评了一顿。

比赛开始了,我与王子航、熊科健、范子涵、明朝一队。我们个个摩拳擦掌,准备好好踢一场!对方的黄锦东、李俊哲等也不甘示弱,铆足了劲儿!一开场,我们队便展现出了强大的压制性进攻,甚至压得对手喘不过气来。可是,似乎我们的运气非常差,使得我们在开场近十五分钟内"只开花不结果"。作为主力前锋,我有些着急了!好不容易王子航将球盘带至禁区前沿传给了我,我迅速将球往左一蹚,正准备射门时,对方球员补位过来了,所以我只能靠灵感来射门。我奋力一脚,球在低空划过一道优美的弧线!进了!要进了!我都准备拍手呐喊庆祝了,可是,那调皮的门柱却跟我开了个天大的玩笑——"duāng——"!球被挡了出来!唉——呀!如果那球再偏进球门那么几厘米甚至几毫米,或许就进了!唉,现在想起来仍觉得可惜。

虽然运气差,但是只要你有实力总会有机会的。这句话在下半场可以说被我队演绎得淋漓尽致!下半场刚开始,我们便进了一球。这一球可谓是帮我们打出了士气!后来,我们踢起了传控。依我看来,我们传得比世界足坛豪门巴塞罗那传得还要好,都得到了对手的赞扬!果然功夫不负有心人,在一次进攻中,我和王子航踢了几次二过一,就把对方的防线撕开了一个大口子。最后,我将球传给王子航,他直接面对门将一蹴而就,将比分改写为2∶0!

取得了2∶0的我们不由自主地放松了警惕,有了轻敌的迹象。正当我们有点儿恍惚时,对方黄锦东开出角球,直接传给了后点的李俊哲。只见李俊哲就像瑞典著名球星伊布2012年打入欧洲杯踢的那个天外飞仙一样——不停球,直接侧钩打门。打得我们门将措手不及。他们士气大增,很快又进了一球。对方扳平了比分!我们顿时觉得压力山大。

不过,好在我们立马调整好状态。最后十分钟,凭借我的梅开二度,锁定胜局!

绿茵地上,足球小子欢呼着,跳跃着……

月圆是画　月缺是失

家有二宝

刘子妍

我记忆中的二宝还是个小肉球,被大家用小包被包着。她闭着小眼睛安静地睡着,我抱着她手忙脚乱,生怕弄疼了她。

二宝是去年5月11日出生的,我的暑假生活便全部围着二宝转。日子在鸣蝉的叫声中飞快地过完了,二宝也一天天长大了。她会笑了,会翻身了。会把小腿像骑自行车一样乱蹬了……总之她每天都给我带来不同的惊喜。当然,也有惊吓!

一天晚上,"哇,哇,哇……"正在做黄粱美梦的我被一阵震耳欲聋的哭声惊醒了。

"怎么了?怎么了?"我一边揉着眼皮一边着急地问:"是不是妹妹又调皮了?"妈妈一边"猴子捞月"般地摸着,一边急急忙忙地说:"妹妹掉到床下去了。"听到这句话，我触电般地爬到床边。只见妹妹像一只短手短脚的小乌龟趴在地上哇哇大哭。我和妈妈齐心协力把妹妹从地上"捞"了起来。

奶奶也从她的房间里赶来了，紧张地问："是不是宝宝摔下床了？"妈妈没说话，只是点了点头，她正仔细地为妹妹全身检查，看看有没有摔伤。"哎！"奶奶摸摸妹妹的小脑瓜，"摔得这么响，可不要把二妹的光光头摔笨了！""哈，哈，哈……"奶奶的这番话把大家逗乐了，连正在吃奶的妹妹也甩掉奶嘴睁大眼睛望着我们。

这件事使全家大大地提高了"防妹摔"意识。

妹妹渐渐长大，妈妈说她应该能听到我们说话的声音了。于是，我和妈妈想测试一下二妹的听力。妈妈轻轻地叫了声——"二宝"，妹妹头也不抬一下，继续玩她的。妈妈又用提高了好几十分贝的声音叫——"二宝"！她照样理也不理。妈妈担心地说："难道妹妹听力不行？"我想：二妹平时那么爱吃大馍，于是便模仿大馍叔，轻轻地吆喝了一声——"老面大馍！卖大馍！"二妹的头刷地抬了起来，还咯咯地笑着。这个小吃货，原来她听见了，只是不想理我们而已。

冬去春来，时光匆匆，二宝从小肉球长成牙牙学语的小屁孩，她的趣事就是让我说上三天三夜也说不完。二宝的趣事也会成为我童年最大的趣事！

怎能如此闹元宵

刘宗煦

元宵节那天,我们一家吃完晚饭准备出去逛逛。

走出家门,我惊奇地发现天上有许多的许愿灯飘来飘去,天空闪亮闪亮的,看起来美极了!

我们来到栖凤公园。公园里人山人海,可热闹了!有卖玩具的,有卖小吃的……但更多的却是放许愿灯的人。他们有的在点蜡烛,有的双手托着许愿灯让它缓缓上升,有的还正在公园的地摊上买许愿灯,每个人都显得很忙碌。所以,他们连脚下踩到许多废弃的许愿灯都没有察觉。平时那些爱在广场上跳舞的老奶奶们都不知跑到哪里去了,我猜也许是被这群放许愿灯的人给挤走了吧?

我们又随着舞龙灯的队伍来到了有灯会的篮球公园,那里更是人山人海,放许愿灯的人更多了。我紧紧地牵着爸爸妈妈的手,生怕走丢了。我感觉我每走一步都会踩到地上废弃的许愿灯，大家你挤我碰，我赏灯的兴趣一点儿也没有了，只想快快地离开这个"是非之地"！

在回家的路上，我们又路过栖凤公园。这时，人已经走得差不多了，可是整个公园却是一片狼藉。地上铺满了五颜六色的废弃的许愿灯，还有许多零食的包装袋和用过的餐巾纸；几个垃圾桶胀破了肚皮；有些小树上还挂了一些撕破的许愿灯……我被眼前的景象惊呆了：今天的公园怎么了？同时，我也感到十分气愤：这些人的素质也太差了！怎能如此闹元宵？

听妈妈说，其实放许愿灯是很危险的，如果它从空中掉下来的话，很容易引发火灾，而且，放许愿灯还会污染空气，甚至还会给鸟儿和飞机的飞行制造障碍。所以，我真诚地希望大家今后再也不要放许愿灯了，可以采用自己独特的方式，许下美好的愿望，开开心心地、喜气洋洋地过一个文明的元宵节。

永远的友情

刘静一

期中考试刚过,妈妈告诉我,下学期我要转学。听到这个消息,我黯然神伤,因为我要离开在一起五年的同学,我舍不得他们。

第二天上学时,同学们看我心事重重,都问我怎么回事。我把转学的事告诉了同学们,他们听了都很舍不得。接下来几天,很多同学都送来了分别的礼物。其实我并不想转学,因为我到一个新环境,没有朋友,很孤独。可妈妈说爸爸一个人在那边总是在外面吃饭,自己不会烧,对身体不好,她要去照顾爸爸。

不知不觉中,这学期结束了。暑假里,我最好的同学贾婧怡约我一起玩。贾婧怡对我说:"刘静一,你可不可以不走啊?"我为难地说:"不行,我妈妈说了一定要过去的。"她听后很无奈,说:"刘静一,你是我最好的朋友，你走了以后，我和谁玩啊？"虽然我心里很难过，但还是装作若无其事的样子说："没关系，暑假、寒假我都会回来的，到时候我再和你玩。"她又伤心地说："刘静一，你走的时候，我肯定会哭的。所以记得到昆山那边以后，多跟我联系。"我爽快地说："一定的。"我们俩都高兴得笑起来。事后，我心里默默想着：我们小学没毕业就分开了，好朋友会不会就散了呢？

我不仅舍不得同学，还舍不得呕心沥血的老师们。在老师的陪伴下，我与大家朝夕相处了整整五年，我会永远记住他们。

真正的友情不是虚情假意，而是两个人的心永远连在一起。古人云："海内存知己，天涯若比邻。"只要心连在一起，即使是天涯海角也会像邻居一样亲切友好。

美 妙 的 梦

王卓妍

"哎呀,真糟糕!"当我看见语文第一单元测试卷上那鲜红而刺眼的分数时,便不住叹息:"完了!完了!回家妈妈肯定又要骂我了……"

我背着沉重的书包回到家,低着头默默地把试卷交给妈妈。果然不出所料,妈妈看了分数后,狠狠地瞪了我一眼,把我骂得狗血喷头。我回到自己的房间中,伤心地哭了,哭着哭着,我慢慢地睡着了。

天,蓝蓝的,空气特别新鲜。我听见一只小鸟在叫我。我抬头一看,它正在无边无际的天空里翱翔哩!看着它自由自在的身影,我情不自禁地对小鸟说:"小鸟,你是多么的自由快乐呀!可我呢?不是在学校学习,就是在家里写作业……"小鸟好像看透了我的心思,温和地说:"可怜的孩子,你从我身上拔一根羽毛,然后紧紧抓住它，说：'我有魔力！'羽毛就会把智慧送到你脑子中。"我高兴地感谢了小鸟，果然，当我英语单词背不出来时，就拿出羽毛，紧紧抓住它，说："我有魔力！"顿时，大脑像吸尘器一样，把所有单词全吸进去了。一转眼，我背出了所有单词。后来，我用同样的方法把课文也吸进了脑子。学习是多么轻松呀！我情不自禁地笑了，下次考试再不会挨妈妈骂了。

这时，似乎一股强大的力量推了我一下。我睁开眼睛，哦，原来是一场美妙的梦呀！真希望这个梦一直做下去……

再见一面

宗成玉

梦，是稀奇古怪的；梦，是充满幻想的；梦，是能带领你"体验"一些美妙经历的。最近，我就做了一个美妙的梦。

在梦里，我是一位美国教师，正在教学时，我忽然两腿发软，一屁股坐在了地上，怎么都站不起来。有位美国学生看了，放声大哭，用不太标准的普通话边哭边说："老师残疾了，不能教我们学习啦，呜呜……"正在这时候，校长来检查卫生，见状赶紧手忙脚乱地拿起电话拨打了911。救护车呼啸而来，将我送到医院。

第二天，我缓缓睁开眼睛，发现自己坐在轮椅上，一位活泼开朗的小姑娘正推着我到处转悠呢！我上下打量了这个小姑娘，她大概在十三岁左右，美丽大方，金黄的卷卷的长发披在肩上，一身天蓝色的长裙，白色的凉鞋，脸上挂着迷人的微笑。她好像发现我醒了，用标准的普通话问我："老师，好点了吗？"那轻柔的话语，温暖的笑容仿佛能抚慰伤痛。我点点头，平静地回答："好点儿了。"

在随后的交流中，我知道这个女孩叫安尔利，是一个富豪家的孩子。她爸爸妈妈都是成功的企业家，妈妈是中国的，爸爸是美国的，她是中美混血儿，她今天来看望我，是代替她哥哥来的，她的哥哥安尔菲是我教的学生。我们俩聊得很投机，不知不觉就到了一片花海当中，五彩缤纷的花好像在向她发出"邀请"，我俩沉浸在花海中。随后，我们到了一座小公园。公园里绿树成荫，一些不知名的花竞相开放，我们欣赏着优美的景色。不知不觉到了黄昏。安尔利看时候不早了，伸手跟我告别，我心里很不舍，可善解人意的她好像看出我的不舍，说："老师，明天我还会来看你的，再见！"她把我送回了病房，就回家了。

第三天，我很早就起了，瞪大了眼睛，等安尔利的到来。可是，最后我失望了，因为安尔利寄来一封信，信的内容是这样的：

  亲爱的老师：

   你好！

   因为我的学习压力太大了，作业太多了，所

以没去看你,希望你好好保重身体,有空还会再看望你的。再见!

安尔利

4月23日

看到这封信,我心里失落极了,想去找安尔利,无奈,腿不"答应",我疯狂地捶自己的腿,忽然,许多鲜血从我腿里冒出来。我被惊醒了,下意识地望了望自己的腿,看到自己的腿完好无损,心里顿时舒坦多了,不由自主地冒出一句:"安尔利,再见一面吧!"

是呀,安尔利,再见一面吧!

第一次投稿

郭 俊

放学回家后,我拼命地翻书包,没找着报名表。吃过晚饭后,又开始翻,最终找到了那张皱巴巴的表格。

原来,我忐忑不安地向老师要了一张小记者的报名表。我想报名,可以前我一次稿都没投。说是没信心,其实是没有用心。晚饭后,我跑进房间,拿起那张皱巴巴的纸刚想动笔,就听见妈妈越来越近的脚步声,我立刻把表塞进书包。妈妈凑过身来,看见了那张报名表。我望着妈妈,心想:妈妈会不会同意我继续报名参加呢?说起来很惭愧,参加小记者快两年了,仿佛就像昨天一样。老师和妈妈无数次鼓励我投稿,心动过,可没有行动起来。此时,我鼓足勇气,对妈妈说:"妈妈,我想报名继续参加小记者。"随手将报名表递给了妈妈。妈妈瞟了我一眼,说:"你投过稿吗?你有几篇投稿的作品?""一篇也没有，我……我也想投稿，只是……"我低声地说。"只是什么？"妈妈严厉地注视着我。

我羞愧万分，感觉自己更加渺小了，仿佛一阵风就能将我吹走。"我会投稿的！"我大胆地说。

我们俩沉默了，似乎时间停止了，窗外也更加寂静了，只听见狗的叫声。此刻，我想到每一次填报名表的情景，我对妈妈说："妈妈，我答应你，今晚我就投稿，把刚才发生的一幕告诉编辑。今后一定多投稿。"妈妈笑着说："我相信你！"

我心中的大石头终于落地了，感觉快乐无比。

有趣的标点推介会

李宇轩

标点们得知人们使用它们的时候，经常出错，于是，决定举行一次自我推介会，让人们得知它们的用途，使用时不再出错。

介绍开始了。句号顶着一个大肚子慢悠悠地滚上台，腼腆地对大家说："大家好，我是句号。别看挺着一个啤酒肚的我身材矮小，我的作用可不小。如果一句话没有我来收场，句子就会没完没了，也就成不了一句一句完整的话，自然也成不了一篇文章了。"句号得意地拍拍自己的肚子，然后神气地走下了台。一条"小蝌蚪"不甘示弱地跳上了舞台，说："哼！如果文章中只有你，那就得一口气读完，那不得把人憋死，文章中少不了我们逗号。"逗号顿了顿，换了一副可爱的腔调，打开了话匣子，说："Hi，大家好，我是逗号，我的样子像一只小蝌蚪，我喜欢在一篇文章里面游来游去，让文章变得井然有序。大家要记住我哟！"说完，逗号摆了个卖萌的姿势。这时，六粒"种子"不慌不忙地走上舞台，打头的一个声如洪钟，对大家说："大家好，我们六胞胎是省略号，别看我们小得让人要找上好一会儿，但我们的用处可大啦！我们可以用来概括写不完的事物，举不完的例子，我们有许许多多用途呢！"接下来，勤学好问的问号，情感丰富的感叹号，说话滔滔不绝的双引号，都陆续登上了舞台，向大家介绍了自己。

小朋友，听了他们的介绍，今后你还会出错吗？

左手和右手

潘沐涵

在一个月黑风高的夜晚，小主人安静地睡着。一只蚊子"嗡嗡嗡"地飞了过来。

蚊子先看了看左手，又黑又瘦，还有许多伤疤，于是，就飞到右手边，白胖胖，肉嘟嘟。蚊子在空中盘旋着，从右手边落下来，心中窃喜：这次终于可以饱餐一顿了。蚊子刚扎进皮肤，右手就惊醒了。右手一看，原来是一只大蚊子。他连忙向左手求救："左手大哥，左手大哥，救救我！"

左手被惊醒了，不耐烦地说："你不知道打扰别人的美梦，多不好吗？""可是有一只蚊子趴在我身上吸我的血。你快帮我打死它。"左手正准备打，可转念一想："主人平时把什么好吃的东西都给你，留给我的都是你不吃的。这次我是乌龟吃秤砣——铁了心，就不救你，你好自为之吧。"右手焦急地说:"我们可是同胞兄弟呀!"左手一听,感觉也是,心立刻软了下来。蚊子一看左手向自己打来,自己将到手的美餐就要飞走了,连忙对左手说:"左手老弟,我现在吸了右手的血,不就是帮你报仇了吗?"左手一听,也觉得有道理。左手就像一根墙头草——风吹两边倒,右手见状,急忙说:"它吸完我的血,之后不就要吸你的了吗?"左手一听,确实有道理呀,便以迅雷不及掩耳之势,"啪"的一声,蚊子就魂归西天了。

从那以后,左手和右手又幸福地生活在一起。

新《坐井观天》

宗 宇

大家都知道《坐井观天》这个成语故事吧，形容人目光短浅，见识不广。可有一只青蛙，它遍知天下事。

一天，一只不服气的小鸟找到那只青蛙，不屑地问："听说你知道天下所有事，是真的吗？""是啊，有什么问题问我吗？"青蛙说。小鸟瞟了一眼青蛙，说："那我考你三道问题，可以吗？""当然可以。"青蛙自信满满地说。"放马过来吧！""第一道题：世界著名的丹麦童话作家是谁？"小鸟问。"安徒生。"青蛙一口答道。小鸟想：这么一只小青蛙，还挺厉害的。"第二道题：世界上最大的峡谷是哪个峡谷？"小鸟又问。青蛙毫不犹豫地说："雅鲁藏布大峡谷。"小鸟吃惊地张大嘴巴，过了好一会儿才恢复过来。"第三道题：中华人民共和国是什么时候成立的？""1949年10月1日成立的。"青蛙又一次不假思索地答道。小鸟佩服得五体投地，连连称赞，说："你是怎么知道这么多事的？"青蛙指着桌子上的电脑说："这就是我的法宝。"小鸟仔细端详着电脑。"从这里面怎么能知道天下所有事呀？"青蛙看小鸟一脸疑惑，笑着说："我示范给你看。"只见青蛙在键盘上左按右按，一会儿就搜出了雅鲁藏布大峡谷的文字资料，小鸟恍然大悟。

　　士别三日，当刮目相看。小鸟，你不能总是用同一种目光去看待别人吧。

感 谢 税 收

张 颖

小时候，我不懂什么叫纳税，所以每当有穿着制服的税务局工作人员去爸爸店里收税，我总是问爸爸："爸爸，你为什么要交钱给那个穿制服的人？"爸爸摸着我的头，微笑地对我说："这叫纳税。"那个时候的我对纳税并不了解。

直到我上了小学，发现上学不用交学费，我又好奇地问爸爸，爸爸对我解释道："是呀，因为学费和书本费用都由国家出，是国家从税收中拨出这些钱来的。"这时，我对税收有了一个好的印象，后来，我也在生活和学习中对税收有了深刻的了解。

从税收制度的雏形（夏商周的贡助彻）到税收制度的确立（鲁国的初税亩），再到税收制度的一系列变革（战国的租赋制，隋代的租调制，唐代的两税法，明代的一条鞭法），传统税收的根本制度和主要精神基本保持不变，从而积淀成我国的税收文化传统。税收，是国家为了实现其职能，按照法定标准，无偿取得财政收入，是国家凭借政治权力参与国民收入分配和再分配而形成的一种特定分配关系，取之于民，用之于民。

　　税收给我们带来很多好处呢！如没有税收，就没有2008年的奥运会；没有税收，就没有青藏铁路；没有税收，就没有"神舟九号"宇宙飞船；没有税收，家乡泥泞的小路也不会变成宽阔的水泥路，家乡之所以能变成今天这样一个美丽富饶、环境优美的地方，必定是离不开税收的。现在的农村不用交农业税了，农民种地不但不用交税，而且还有种粮补贴呢！国家都减免了赋税，这些也都是税收的功劳。5·12汶川大地震，坍塌的房子数都数不清，那里成了一片废墟，之所以迅速开始建设，是与税收息息相关的。如今，纳税的意识已像一颗种子，在人们的心里生长着，蔓延着……自1992年4月的第一个全国税收宣传月至今，税收已走过了二十多个春秋，希望我们每个人的心中都要记住一句话：主动纳税是一种光荣的行为，让偷漏税离我们越来越远。

　　孟子说过："治地莫善于助，莫不善于贡。"这里的"贡"指的正是税收。因为税收，国家越来越富裕，人民生活越来越好，它可是国家兴邦的保障。

　　让我们从小树立起自觉依法纳税的意识；让我们来宣

传税法吧,做一个遵纪守法的纳税公民;让我们依法纳税吧,为祖国的繁荣富强尽自己的一分力量。

感谢税收给我们带来的一切美好。

税收知多少

邵文菲

税收,对我来说是一个熟悉而又陌生的词汇,陌生是因为我并不了解它,而熟悉则是因为我常常听大人们说到它。我一直很想知道它到底是什么?有什么作用?

有一天晚上,爸爸在沙发上看书,我跑过去问:"爸爸,什么是税收呀?"爸爸奇怪地望了我一眼,说:"小孩子怎么问这个问题啊?""哦,我,想知道。"我老实地回答。爸爸想了想,说:"税收是国家财政收入重要的途径。"可我还是不明白,又问:"财政收入是什么?"爸爸放下手中的书,想了一会儿,对我说:"咱们家里吃饭,买东西,交电视费要用什么?""钱啊。"我不假思索地回答。爸爸又问:"那钱是从哪里来的?"我想了想,回答说:"爸爸妈妈的工资卡。"爸爸说"对了,把咱们家比作一个小国家的话,那爸爸妈妈的工资卡里的钱就是财政收入。我们国家是一个大家庭，财政收入就是国家收到的钱，里面有很大比例是依靠税收得到的。"我有些明白了，但又不是很明白，于是又问爸爸："那国家的税收是怎么收的呢，找谁要？"爸爸思考了一会儿，举起了手里的书，说："你在新华书店买这本书的时候，书店给你开发票了吗？"我说："开了啊。"爸爸说"嗯，新华书店给你开的发票金额中就已经包括税收了，同样你买其他东西，给你出具的发票中间也包括了国家的税收，国家按比例收税。""那不开发票不就不用交税了吗？"我天真地问爸爸。爸爸将书放在沙发上，很严肃地望了我一会儿，认真地对我说："不行！国家的税收一分也不能少，每个有收入的公民都要依法向国家纳税，这是公民应尽的义务，不得偷税漏税。国家依靠税收进行建设和发展，咱们的生活才能越过越好，这叫取之于民，用之与民。你现在还小，不明白税收的重要性，等你长大了，一定不要做偷税漏税的事，知道了吗？""嗯。"我看着爸爸，用力点了点头。

　　之后，爸爸又和我说了许多关于税收的事情，让我受益匪浅。通过上网查询资料和阅读书籍，我明白了很多关于税收的东西，比如当我们在时装店买衣服付款的时候，所付的价款中，已经包含了该衣服的布料、针线、洗染的生产、销售等多环节缴纳的增值税、城建税、个人所得税、印花税、教育附加费等；当我们坐车的时候，支付的车票款中，已经包含了营业税、城建税、车船使用税等，因为该车在平时负担的费用中已包括了这些税在内；当我们去酒楼吃饭时，支付的餐款中已经包含了餐饮业应交的各项税收；就算我们暂不用钱，将钱存进银行，所得到的存款利息也要交纳个人所得税……所以，税收就在我们身边，在我们生活中的点点滴滴。

如今，当我行走在笔直干净的水泥道路上，当我坐在宽敞明亮的教室中，当我在环境优雅的公园和小朋友们嬉戏玩耍时，我都不禁感叹税收带给我们的幸福生活。没有税收，哪有导弹发射基地腾空而起的火箭？没有税收，哪有祖国土地上幢幢拔地而起的高楼？

因为税收走进了我们的生活，幸福了我们的生活，税收就在我们身边，与我们密不可分。

税收，你懂吗？

刘新月

马克思曾说过："赋税是政府机器的经济基础，而不是其他任何东西"。恩格斯也指出："为了维持这种公共权力，就需要公民缴纳费用——捐税。"这些都说明了税收对于国家经济发展和社会进步起着重要的作用。

在生活中，税收无处不在。税收好像人的影子，不管你在哪里，它都会在你身边。可正是这样习以为常，也往往会被有些人忽视。当谈到税收时，有些人也许会想：税收是国家的事，跟我没什么关系。其实不是，当你买下一件物品，你同时向国家纳了税；当你在饭店吃完饭，结账时，你也成了万千纳税人的一分子。所以，税收一直伴你左右，只是你没有在意而已。

无偿性是税收三大特征之一，乍看之下，或许有人会认为，税收只是国家向人民收费而已。税收的无偿性一方面是指政府获得税收收入后无需向纳税人直接支付任何报酬，另一方面是指政府征得的税收收入不再直接返还给纳税人。但是，请不要忘记，税收是取之于民、用之于民、造福于民的。

数据显示，2010年我国财政收入达到83080.32亿元，全国的税收高达70062亿元。2010年，我国税收收入占财政收入的比重约为84%。这充分体现出税收的三大用处之一——组织财政收入。税收的第二个作用是调节社会经济。政府凭借公共权力强制参加社会分配，不均等的减少了纳税人的可支配收入，这种利益得失将影响纳税人的经济活动，进而对社会经济结构产生影响。2008年的金融危机在一定程度上抑制了房地产的需求，2009年在税收等政策的调节下，房地产又重新活跃起来，这都充分体现了税收调节社会经济的作用。税收的最后一个作用，即监督管理社会经济活动。政府建立了细致的税务制度以监督社会经济活动方向，维护社会生活秩序。赖昌星参与走私所瞒报的税款高达500亿元人民币，他这种严重的逃税漏税罪行终究会受到法律的制裁。

记得有一天，我跟妈妈去买东西，好像买得也不太多。结账的时候，服务员推说没有发票了，不给我们发票。没想到妈妈也没要发票，挥挥手说："算了，算了。"刚要走，我一把拽住妈妈，严肃地说："妈妈，您这样是不对的。"我将税收知识讲给妈妈听，然后理直气壮地对服务员说:"阿姨,我们都是国家纳税人,如果您执意这样,我可以打12351举报您。"服务员只好把发票递给我们。

有人称税收是中国的血脉之源;有人说,税收是人民的福祉所系。是的,没有税收,哪有青藏铁路的存在?没有税收,哪有三峡大坝的建成?没有税收,哪有当今中华的繁荣与强大?因此,税收决定着民族的命运。

国之税收,民唯根本。税收服务发展,发展改善民生。

一瓶矿泉水

周欣然

"叔叔，请您喝瓶水吧！"他愣住了，诧异的目光望向我。顿时，我的脸涨得通红……

那是一个炎热的夏日中午，空气中没有一丝风，就连树叶也都打成了卷，动都懒得动一下，屋外就像个大蒸笼。我躺在沙发上，吹着空调，哼着小曲一阵畅想。"哈哈，幸亏今天不用去画画，否则一出门，我肯定会变成铁板烧。"

"丁零零、丁零零……"手机话铃声打断了我的白日梦。"这么个大热天，谁打电话给老妈呢？"于是，我把手机拿给正在厨房烧饭的妈妈。我刚走进厨房热浪像潮水涌来，老妈已是汗流浃背。只听见手机那边说老妈的包裹已经到了，让她下去拿一下，老妈叫我下去拿，我满脸不高兴。"哼，这么热的天，还要我下楼拿东西，真烦人！"更不可思议的事情发生了，老妈竟然还让我带一瓶矿泉水给快递师傅喝。"这不是要我的命吗？我最不喜欢和别人说话了，更何况这还是一个陌生的快递员。"我用眼神无声地反抗，气鼓鼓地拿了一瓶矿泉水像蜗牛一样下了楼。我边下楼，边嘟囔着："这么热的天，让我拿快递就算了，还叫我带水给他喝。我和他不熟，怎么给他？哼，我就慢慢走，让他多等一会儿。"想着想着，就到了楼下。太阳像个大火球都快把我烤化了。只见快递师傅拿着包裹站在烈日下，我悄悄地把矿泉水藏到了身后，走上前去。"小朋友，这是你的包裹吧。快拿着上去吧，天太热了！"听着这亲切的声音，我赶紧伸出一只手接过包裹。这时快递员叔叔头上豆大的汗珠直往下淌，湿透的衣服紧紧贴在了身上。我脸羞得通红，为自己刚才蜗牛的速度和自私的想法而惭愧。我鼓起勇气从背后拿出那瓶矿泉水递到叔叔手上："叔叔，请您喝一瓶水吧！"他愣住了，诧异的目光望向我，我不好意思地低下头。忽然，他如梦方醒笑了起来："谢谢、谢谢你，小朋友。这可是我送快递以来客人送给我的第一瓶水哦。太谢谢你了！"我被他一夸，笑意从嘴角荡漾开来。看着消失在骄阳下的蓝色小三轮车，似乎有一阵清风徐来。

　　那一天，一瓶矿泉水让我体会到"赠人玫瑰，手留余香"的真正含义，也让我在这炎热的夏天感受到来自山谷的那份清凉……

缺失的窨井盖

王婧萌

那个后背湿透、佝偻着腰的身影渐渐消失在我的眼前,可刚刚发生的一幕,却不停地在我脑海中浮现……

"奶奶,我去书店看书啦!"随着"嘭"的关门声,我冲出家门,快步朝图书馆奔去。"萌萌,太阳大,带把遮阳伞呀!""不用!"我不耐烦地答道。"都下午五点多了,哪有什么太阳呀,哎!奶奶真是越来越啰嗦了!"我自言自语道。可没走几步,我就后悔了,夏天的阳光真是厉害,射在身上火辣辣的疼,可真是应了那句"不听老人言,吃亏在眼前"呀!

离我家最近的书店就在小区门口热闹的街道旁,仅五分钟的路程我竟满头大汗了,"哐!""哎哟,有人摔跤了!"我扭头一看,只见一位骑着自行车的伯伯,被路边的一个"大窟窿"绊倒,连人带车狠狠地摔在了路旁。他趴在地上，身上的衣服沾着厚厚的一层灰土。他手中攥着一个空袋子，前面的地面散落着几个白馒头，我想，他应该是急着回家才没看见路面上那一个缺失了井盖的窨井吧！"那个窨井盖怎么不见了，怎么也没人过来修理呢！""真是，肯定摔得不轻。"聚集的路人小声议论着，但却没有人走上前去扶他一把。我忙挤进人群去扶起伯伯，"我不要紧，谢谢你啊，小姑娘。"伯伯笑着对我摆摆手，这时我才看清楚：他头发已半白，额头已有很深的皱纹，特别是那张脸，已被晒成黑红，如桑葚一般。他佝偻着腰用力扶起身边的自行车，然后又小心地捡起那散落在地上的白馒头，馒头上已粘上一层薄薄的灰层。他将馒头放进车篓中，一只脚跨上自行车，准备离去，周围人也都散开了。但他又停了下来，一瘸一拐地将自行车慢慢推到了那个"大窟窿"的前面，他则站在了车子的前方。"他要干吗？是哪里摔疼了走不了吗？还是……"我满心疑惑。眨眼的工夫，不知他从哪里弄来一根红布条系在了手腕上，每每有行人或骑车的人经过时，他便会大声提醒："这里危险，从那边绕过吧！"正是下班高峰期，路上不断有行人、车辆从他身边经过。经过他的提醒后，总能安全地从那没有井盖的窨井旁绕过。路人们都理所当然地接受着他的善意提醒，也许是因为下班着急赶回家，所以都没来得及说一声"谢谢"。"是110吗？我们这边有一个窨井盖不见了，具体位置是……"我听见有人报警后，才继续向图书馆走去。

　　两个小时后，太阳下山了，走出图书馆，一股热气向我扑来，我又看见了那个伯伯，他还在原来的地方站着，仍在不停地对一个又一个从他身边经过的人提醒着，他的后背早已湿透。终于，一辆车身上印有"路政"字样的车辆缓缓停在了他身边，车上下来几人抬着一块新的窨井盖填在那个"窟窿"上。直到这时，伯伯才又跨上自行车，朝路的那一头骑去，那车篓里的白馒头也随着路面的起伏"跳跃"着。

　　我转过身，用手擦去了自己脸上的泪水。

海之魂，人之魂

岑可馨

来到厦门，这里的景色深深吸引了我。行程的第三天，导游安排了沙滩亲子游戏和海边帐篷露营，这可是我期待已久的。

"凭什么？凭什么？我就不，不行我就找个宾馆，这谁出的馊主意呀？露什么营呢？"李阿姨像一只发怒的狮子，眼睛瞪得像两颗保龄球，蛮不讲理地将嗓音越提越高，越提越高，空气中弥漫着一股浓浓的火药味，导游一直在跟李阿姨解释。这时，已到了夕阳亲吻西山的时候，天边的红霞光芒四射，很是美丽。我静静地看着一望无垠的大海，此时的大海已被镀上了一层金边，分外美丽。

我，看呆了……定了定神，仔细地想了想前因后果，竟只是因为一些堆积物。阿姨所在的是11号家庭，也是最后一个分到帐篷的，李阿姨进去试了试，本来就因没在前面选而恼火，再加上帐篷内的闷燥，就发生了之前那一幕。其实，比起她，我们的帐篷就更加闷了，前后都有遮挡，但想想独特的经历，也就释怀了。导游杵在旁边，不知所措。这时，高阿姨主动地替导游解了围，换了自己的"通风帐篷"。

一个个帐篷里面的人影躺了下去，一点点光亮暗了下去，一些在海洋中生存的小动物们闭上了眼睛，一切仿佛都安静下来。声音渐渐模糊起来，一身疲惫的我在帐篷里渐渐进入甜美的梦乡。

静谧，静谧，无尽的静谧……

先是"嗡嗡"私语，从帐篷传来，逐渐清晰起来，逐渐响亮起来，直到划破整个天空的静谧。

越来越响，越来越响，越来越大，越来越大……

直到清晰地听见一句一字，帐篷中的人影又坐了起来。毫无疑问又是李阿姨，持续着，持续着，仿佛永不停歇。我揉了揉眼睛，瞧见先是一两个人，后来大概所有的大人都上前交涉。只看见一群黑压压的人头，一群手舞足蹈的大人，到了后来，小孩也去凑热闹。

终于，声音又平息了下来，一切归于宁静。

晚安，美丽的大海！

我一夜未眠，顶着黑眼圈出了帐篷，却瞧见大海涨潮时冲出的臭袜子，我不禁笑出了声。却暗暗称奇：大海竟能容纳万物……

我想：这海之魂的精髓，就在于"海纳百川"的胸怀吧！而这海之魂，更应该成为人之魂。

"你是我的眼……"

秦子鸢

罗杰今年十岁，是我的同班同学。从一年级到现在，在同学们的眼中，他一直调皮、好动，上课不好好听课，下课更不会闲着，简直是个"问题"男孩。在老师那里，他上课从不主动回答问题，成绩一般还偏下。

虽然我和罗杰是同学，但对他的了解并不多，甚至连他住哪儿也不知道。

今年暑假期间，在我家小区附近经常看到罗杰，当时我很纳闷，他怎么会在这儿？后来才知道，因为县城棚户区改造拆迁，他家拆迁后举家租住在我家附近了。

在学校，罗杰并没有像他的名字一样杰出，这是我和其他很多同学一致认为的，但后来发生的事，使我对他有了不同认识，他的举动也深深打动了我。

那是暑假里的一个早晨，天依旧闷热，我在去兴趣班的路上又遇见了罗杰。此时，他不是一个人，他走在前面，手里紧紧握着一根竹竿，竹竿的另一头是位步履蹒跚的中年人。我细细地注视后发现，原来跟在他后面的是位盲人，他俩一步一挪地走着，罗杰好像并没有说话，只是不断地停驻回头，仿佛是在提醒后面的人小心路面。我为赶时间，就走远了。后来，我又经常在小区看到同样的情形。

　　这人是谁？和罗杰是什么关系？一个又一个问题总在我心头萦绕，连我自己也不知道为什么这么关心这个所谓的"问题"男孩，似乎所有的问题我都想去解开。

　　后来，我通过老师和其他熟悉罗杰的人了解到，原来罗杰有个不同寻常的家庭。父亲是位盲人，母亲离家后也很少回来，他和年迈的爷爷以及盲人父亲相依为命。原先老房子被拆迁后就租居在那只有几十平方米的小屋内。每天，父亲要出门，他都牵着父亲，他，就是自己父亲的第二双眼睛。

　　知道这些后，我久久不能平静。相比之下，我感叹自己是多么的幸福，然而更多的是，罗杰展现了他善良、孝顺的品德。平时在学校，我们看到更多的是他调皮、好动的缺点，我突然发现，这个"问题"男孩也有他光彩的另一面。

　　难怪爸爸常说："再优秀的人也会有缺点，有再多缺点的人也有优点，有时，只是你没有用心去发现，更不能拿自己的优点去比别人的缺点。"在罗杰身上，我看到了逆境中的乐观，这不正是我们这些在父母百倍呵护下的幸福一代所缺少的吗？他对父母长辈的孝敬，这不正是我们中华民族传承几千年的传统美德吗？想到这里，我不禁敬佩起罗杰了。

梦游海洋世界

魏梦琪

我是一个拥有非凡能力的超人，可以像孙猴子一样上天入海，自由自在，无拘无束。遨游太空和星星做伴，腾云驾雾与白云嬉戏；入海深潜几万米，翻江倒海，无所不能。

这天，我正在天空中玩耍，玩得满头大汗，低头一瞧，蔚蓝色大海波平浪静，安谧迷人。哎？正好游个泳，来个海水浴。于是，我一头扎进了海里。

咦？那是什么？晶莹透亮，柔软如绸，长着无数触角，还悠然自得地游着。是飘落在水中的桃花在表演"花样游泳"？还是天上的流星在水中闪烁？我好奇地游过去。就在我正要抓住这美丽的小东西的时候，一条很不知趣的鱼使劲把我拉到了珊瑚旁。

"你干吗呢？"我质问道，顺便揉了揉手。这鱼崽子的力气可真大。

"哼，你真是狗咬吕洞宾——不识好鱼心。我救了你呢！"这条鱼很嚣张地摆着尾巴说。"哦？"我说，"那你说说，你是怎么救我的？"

"刚才我帮你躲过了一条美丽凶残的水母。"

"啊？这么美丽的小东西会吃人啊，不可思议！"我惊讶地叹道。

"你是小丑鱼！我认得！"

"啊？"小丑鱼鱼眼瞪得老大，"你怎么知道我的绰号叫小丑鱼？"

"哈哈哈……"我大笑不止，"小丑鱼，小丑！太难看了……"

"哼哼哼！"小丑鱼很不客气地打断了我的话，"我们叫海葵鱼。我们的家族可强大了！遍布在太平洋、红海，北至日本南部，南至澳洲悉尼等海域。"小丑鱼骄傲地说。

"那我还真不了解这些，不过，我们要再见了，小丑鱼，我还想到别处玩玩呢！"我微笑地对它说。

"等等！"小丑鱼似乎发现了我对它的态度有所改观，赶忙把一样东西递到我手中，说："这是鱼币，在海里的作用跟中国的人民币差不多。至于怎么花，往前走就知道了。再见！"小丑鱼神秘地一笑，就急急忙忙地游走了。

"干吗呢，神秘兮兮的。"我暗自嘀咕道，又向前游去。

突然，我看见了一只老蟹正在对一只小贝壳施刑。

哼，我最讨厌以大欺小了，碰到了这种事情我肯定会路见不平拔刀相助。"死蟹，看招！"就在老蟹回过头来的那一刻，我按下背包的紫色按钮，顺便说一句，这里装的是昏迷粉，转眼间，老蟹倒了下去。

小贝壳对我感激极了，泪眼汪汪地看着我，大喊了一声："恩人！"

"不要叫我恩人——"

"不，你就是我的恩人！"小贝壳说，"你救了我的命！那个家伙叫寄居蟹，我们叫它白住房！它不仅吃了我的很多同胞，还把它们的壳当房子住，真是个罪大恶极的家伙！"

"这么霸道！"我惊讶极了。"没错。"小贝壳愤愤不平地说。难不成海洋世界也是个弱肉强食的世界？

一道道绚丽的光芒闪过，一座金碧辉煌的舞厅出现在我面前。"哎，蹦迪去！"小贝壳带着我就要往里闯。售票的飞鱼姑娘说："你们有鱼币吗？"

"有。"我把小丑鱼给我的鱼币拿了出来。

厅内，蝴蝶鱼喊道："女士们，先生们！今天，我们的特别嘉宾是人类世界的超人，她和小丑鱼成了朋友，并帮助小贝壳摆脱了寄居蟹。大家欢迎！"刹那间，所有鱼的目光都转向了我。在鱼声鼎沸中，我缓缓地走上前台，心里有说不出的喜悦。

哇，浩瀚的大海！神奇的世界！我还想继续在这个蓝色的世界游历。这时，一阵急促的闹铃声把我惊醒……

神奇的蓝色海洋

杨 雨

有一个地方，水是它的生命，蓝是它的代名词，深是它的神秘面纱，波澜壮阔是人们对它一贯的赞誉。这个地方叫作海，是我最爱的家。

我叫游灵，是一只鸳鸯蝴蝶鱼，因为鳍和尾巴像蝴蝶张开的翅膀般华丽大气而得名。我是一种珊瑚礁鱼类，我体内的色素在神经系统的控制下可以收展自如，使外表不断变化而引人遐想。怎么样，我很厉害吧？今天，我带你去认识认识我的朋友。

我有一个好朋友叫黎洛，它是生活在深海里的烛光鱼，它住的地方宛如一个神秘的龙宫，那里百分之四十四的鱼都会自己发光照明，要不是这一点，那漆黑的深海我才不敢去呢！黎洛的身体是黄色的，会发光。它的体内有一种特殊酶——荧光酶。荧光酶吸收能量化成荧光素，就释放出光来。在那幽暗的深海里,黎洛身上的光扑朔迷离,好似黎明时那一星微弱的霞光,美极了。

瞧,那只小丑鱼是我的朋友葵烟。它橘红色的身上,还有白色条纹点缀,叫它小丑鱼可真是冤枉它了。它的家族普遍身材娇小,只有五六厘米,喜欢群居,是一个团结的种族。让人费解的是这样一种可爱的鱼,却和海葵在一起生活。

这是为什么呢?原来,海葵的外表飘逸如彩云,但触手上却有含毒的刺细胞,小生物们都会躲得远远的,所以海葵就经常饿肚子。而葵烟会和它的同伴带食物和海葵共享。所以当葵烟它们面临危险时,海葵就会把它们包裹起来保护着。它们真是海洋里一对很好的伙伴。

在我生活的那个地方,沙子上躺满了懒洋洋的海星。它们是一种很著名的海洋棘皮动物,呈漂亮的星形。它颜色多、造型独特,常被做成唯美的艺术品。海星身体下面的沟有管足,这使它可以随意爬行。它们多数雌雄异体,也有一些雌雄同体,可以自行分裂繁殖后代,这是不是很神奇?

它们都是我的好朋友。当然,我也有害怕的天敌。体形庞大、牙齿锋利的鲨鱼,它处于海洋食物链的顶端,强有力的下颚可以撕碎任何猎物。虎鲸就更可怕了,它的学名是 Orcinus orca,别名Killer whale,killer翻译成中文是杀手的意思。虎鲸不仅仅是一些鲨鱼的天敌,它们有时候没有食物就会吃比自己小的同类,虎毒还不食子呢,可见虎鲸多可怕啊!

其实这几种生物,在种类繁多的海洋里不到百分之一。可是人类的滥捕滥杀让一些美丽的海洋动物濒临死亡,有的已经灭绝。

人类啊,不要再捕杀海洋生物了。

海豚爷爷，谢谢您

金胜兰

"主人，海豚爷爷生病了，正在距离您正东方十千米的海中等待救助。"机器人突然向我报告。听到报告后，我不敢有片刻耽搁，立刻启程前往施救。

如今已是2031年，机器人可以探测到海中珍贵动物的身体情况，防止珍贵动物病死，而我是保护海洋珍贵动物的成员。我来到花园，坐上"水路空三用车"，开启空中模式，车子便起飞了，一会儿就来到海面上空，开启潜水模式，车子就入水了。这种车在路地的时候，可以通过吸收阳光、二氧化碳或有毒气体发电行驶，而在水中，便通过水来发电。刚入水，便可看清水中的一切，有红蓝黄三色的珊瑚，有身披点点花斑的鱼，有身体形状如五角星的海星，更有半透明的水母。这时，身披绿壳的海龟，头似马尾像猴的海马向我游来，它们迎接着我的到来。

几分钟后，便来到了海豚爷爷所在的海域。我进行大面积搜查，在一个珊瑚礁上发现了海豚爷爷。我穿上潜水服，离开车子，并戴上了变声口罩和万能耳机，这样就能听到海豚爷爷发出的声音，还能和海豚爷爷正常交流。我先问海豚爷爷怎么了，海豚爷爷咧着嘴龇着牙说肚子疼。我用透视镜，看到海豚爷爷肚子里有许多塑料泡沫，还有一些一次性用品的碎块。原来，海豚爷爷捕食、浮出海面呼吸时，吸入了这些垃圾，虽然小，但越集越多，便成了这样。我拿出一根细管，将海豚爷爷肚子里的垃圾一一吸出。海豚爷爷没有因手术而受到任何伤痛，病就好了。它绕着我转了三圈，再三道谢后游走了。

　　我上了车准备回家。途中，我已没有闲情观赏海景。我想，如今的海面虽然在阳光的照耀下仍是蔚蓝的，但水质已被严重污染了。对，近些日子，我不是正愁着找不到科研课题吗？用科学的方法分解海洋中的垃圾颗粒，更好地保护自然，保护海洋，这不正是我要找的好课题吗？想到这，我提高了车速，想立即投入到这项工作中去。

话说万子祥

万子祥

我——姓万名子祥。

先说我的长相吧,我的脸圆圆的,胖嘟嘟的,一双大眼睛忽闪忽闪的。老师常冤枉我,说什么"当我盯着某一处忽闪忽闪看时,鬼主意就冒出来了",对此我真是不敢苟同。大家不信可仔细打量打量我,一副呆呆憨憨的样子,怎么与"鬼主意"挨得上边呢?最多也就是有点儿男孩子都有的缺点——贪玩罢了。嘘,我可不想让你们知道,我怂恿小伙伴们一道去校园后面摘桃子的事儿。要知道,我真不知道那桃树是人家种的,还以为是天生的呢!

别看我的身高只有一百五十七厘米,可我的体重是属于重磅级的。不瞒你说,班上有的男生,两人的重量也不及我。走在路上,人家看见我,都说这个小孩吃得好,营养得好,听到这话,我可冤枉死了,我是属于那种喝凉水都长脂肪的人!在家里,妈妈喊我胖仔,可我听起来一点也不受用！倒霉的是我的肚子总也不争气，明明早晨吃饱了去上学的，可刚上第二节课肚子就唱空城计了，碰巧我的座位又在第一排，真担心某一天老师会听见我肚子的呼唤声！

我墩实实的身材，走路起来摇摇摆摆像个企鹅。我不怕人家说什么"四肢发达，头脑简单"，因为我的脑瓜绝对好使，要不老师怎么会说我"眼睛忽闪忽闪一个鬼主意"呢？我的成绩也是顶呱呱的。我最忌讳他人在我面前说"滚"之类的话，大家都知道，圆的东西才能滚起来呀。记得有一次体育课上，老师带领大家慢跑热身，我远远地落在后面，有的男生就笑着冲我喊："万子祥，你滚也比跑快呀！"我起先挺生气的，后来想想也就算了，嘴巴长在人家身上，你能不让人家说么？

在家里，姐姐也笑我长得太胖了，我反过来逗她："你看过电视里做广告那些小胖墩吗？说不定某一天，你弟弟我也出名了，那时候，你找我签名，我一定看在姐弟的份上大大地优先哟！""得了吧，凭你这形象还想出名？""嗨，你这就是门缝里瞧人了，赵本山他漂亮吗？潘长江他个儿高吗？所以啊，不一定潇洒英俊的才出名呀，到时我一炮走红了……"虽然那只是我小时候的观念，可直到今天我仍然用这来安慰自己。要不，你让我怎么办？总不能为了形象抛弃我最爱的零食吧！

瞧，这就是我，一个肥肥胖胖、乐观向上的男孩！注意，请忽略我的"贪玩"！

春姑娘的魔法

汪馨悦

你们看春姑娘披着她那件绿色的长袍,乘着风儿翅膀笑眯眯地从远处飘来,准备使用她那神奇的魔法棒,让万物恢复生机。春姑娘的魔法使土地爷爷苏醒了。小草从地下探出头来,准备和春姑娘打招呼;各种野花开了,有红的、黄的、白的……五颜六色,绚丽多彩;田里的稻子绿了像挺拔的战士;油菜花儿黄了,像一大片黄地毯;蚕豆花儿开了,香气扑鼻。

春姑娘的魔法使小河苏醒了。小河睁开眼向远处跑去,准备旅行顺便去看望大海;水中的鱼儿、小虾也醒了,它们在水中愉快地玩耍;田边的鸭子们都争先恐后地跑到水中捕食,可真是"竹外桃花三两枝,春江水暖鸭先知"呀!河边几棵柳树嫩绿的头发长出来了,随着风儿吹出的曲子翩翩起舞,美丽极了。

春姑娘的魔法使树林恢复了生机。树林里一派生勃勃、绿意盎然；小燕子从南方飞回来了，树林里冬眠的小动物们出来觅食了，小鸟们和小燕子站在树枝上谈论冬天的趣事，叙说一个冬天的思念，大雁排着队伍，从南方飞回来了，在天空中盘旋，在筹划着怎样度过一个有声有色的春天。春姑娘的魔法使天空更蓝了，白云更美了，太阳的光更暖和了。小鸟们成群结队的在天空中自由自在的翱翔，天空中的白云一会儿像绵羊在吃草，一会儿像马儿在奔跑，一会儿像白兔在嬉戏。偶尔有几架飞机在天空中划了几道弧线飞走了，还有人们坐在像雨伞似的热气球里遨游，真是一幅美丽的春景图呀！春姑娘的魔法使果园里丰富多彩了。果园里桃花红了，像小姑娘害羞的脸蛋，梨花白了像朵朵银花银光闪闪，杏花开了，粉红粉红的像片片朝霞染红了天边。地上的花丛中有几只蜜蜂在采蜜，蝴蝶在花丛中跳起了欢快的舞蹈。春天明媚的阳光照耀在花儿们的身上，花儿向太阳看齐，心想：我一定要结出很多很大的果实，让果农们享受丰收的喜悦。

　　春姑娘的魔法使树林里的竹子更翠绿，更强壮了。春雨下了一阵又一阵，世界又是另一番色彩，小草更绿了，鲜花更艳了，大树更壮了，而在竹林里的竹子更是在一节一节地向上爬，竹笋妈妈怕竹笋芽儿着凉，忙给他穿上一件又一件衣服，渐渐的竹笋芽在太阳公公和细雨姐姐的关照下，脱了一件又一件的衣服，最后长成了健壮的竹子。

他不怕暴风雨、无所畏惧，最后成功了。和小竹笋芽儿一起成长的小草们纷纷赞叹："小竹笋儿你真棒，恭喜你长成竹子了。"长大后的小竹笋儿谦虚地说："你们为人类做出的贡献比我还大呢！"小竹笋儿的妈妈说："孩子，你真棒，可今后的日子还很长，你还要无所畏惧的生活下去，知道了吗？"小竹笋儿，听了连连点头。在他心里还是一直感谢春姑娘，要不是春姑娘给了自己生命，不然自己现在还不知道在哪个乌漆抹黑的地里呢。

　　春姑娘看到这一幅幅情景，心里不由得开心起来了。她站在天空中，沐浴着温暖的阳光，听着鸟儿唱的那婉转动听的歌曲，感受着春天的温馨和美丽……